내가 스스로 디자인하는 보험 DIY MONEY

보험, 덮어놓고 가입하면 거지꼴을 못면한다

_ 실전편

보험
덮어놓고 가입하면
거지꼴을 못면한다 _ 실전편

이경제 · 이경락

내가 스스로 디자인하는 보험
Diymoney

밥북
B·O·O·K

'실전편' 서문 --

   '보험, 덮어놓고 가입하면 거지꼴을 못면한다'를 출간한 지 어느덧 5년이 지났습니다. 그동안 여러 경로를 통해서 약 700명의 고객을 만났고 1,500건 이상의 계약을 했습니다. 원래 운영하고 있던 네이버 지식인과 블로그에 더해 youtube도 개설하고 작년 5월에는 '보험지식IN'이라는 책도 펴냈습니다. 활동하는 채널은 늘어났지만 추구하는 바는 변함없습니다. '내가 스스로 디자인하는 보험, DIYMONEY.' 나름 열심히 한다고 이리저리 뛰어다녔지만 5년 전과 비교해보면 별반 달라진 게 없는 것 같아 아쉽고 안타깝습니다.

   어떻게 하면 좀 더 나아질 수 있을까 고민하다 '보험, 덮어놓고 가입하면 거지꼴을 못면한다'의 '실전편'을 만들기로 했습니다. 제목처럼 실제로 보험에 가입하려는 고객들에게 꼭 필요한 내용만 뽑아서 개정된 부분은 수정하고 각 설명에 해당하는 youtube 영상 링크를 삽입했습니다. 책은 얇아졌지만 보험을 제대로 가입하는 게 어떤 것인지 알기에는 '실전편' 만으로도 전혀 부족하지 않을 것으로 생각합니다.

이 책이 아직도 설계사만 믿고 모든 것을 맡기는 사람들에게는 보험에 대한 인식을 바꿀 기회가 되고, 제대로 보험에 가입하고 싶지만 방법을 몰라 몇 날 며칠을 인터넷에서 헤매고 있는 사람들에게는 속 시원한 해결책이 되길 기대해봅니다.

들어가며 --

영화나 드라마, 토크쇼 등 수많은 매체에서 등장하는 보험설계사의 이미지는 긍정적인 경우가 거의 없다. 전문적인 이미지로 나오는 경우는 더더욱 없다. 설계사들의 대사는 보통 이런 식이다.

"야 오랜만이다. 나 보험회사 들어갔는데 보험 하나 들어줘."

"나 보험 많이 들었어. 넌 오랜만에 전화해서 보험 얘기냐."

"아 치사하게, 친구 좋다는 게 뭐냐. 술 한 잔 살게."

"보험 많은데… 그래 인심 썼다. 싼 걸로 하나 갖고 와. 선물도 줄 거지?
좋은 거 가져와라."

실제 이런 식의 얘기가 나온 영화나 드라마를 대라면 지금이라도 두세 개는 금방 댈 수 있을 정도. 그런 걸 보고 있으면 짜증이 난다. 누굴 거지로 아나. 하지만 작가의 잘못도 감독이나 배우의 잘못도 아니다. 보험업계의 분위기가 그렇고 회사가 그렇고 내가 그렇다. 보험업계의 잘못이고 회사의 잘못이고 나의 잘못이다. 누구를 탓하랴.

우리나라 사람치고 보험에 좋은 감정을 가진 사람은 거의 없다. 뭔가 못 미덥고, 그래서 보험에 가입해도 뭔지 잘 모르고 속는 기분이다. 이 책을 읽는 사람 중에 자기 보험을 제대로 알아보고 또 제대로 컨설팅받아서 가입한 사람이 몇이나 될까. 내가 만난 고객의 90% 이상이 뭐가 뭔지도 모르고 보험에 가입했다. 그냥 대학 동기, 엄마 친구, 전 직장동료, 동네아줌마가 보험회사 들어가면 친분상 가입한다. 그렇다 보니 뭘 가입했는지도 모르고 설계사 말보다는 부모 말이나 친구 말을 더 신뢰한다. 설계 받아온 것을 그대로 믿지 못하고 지인들에게 다시 물어본다. "이거 네가 보기에 어때? 괜찮은 거야?" 이럴거면 설계사가 뭔 필요가 있는지….

실제 미국에 가보진 못했지만 들은 얘기로는 보험설계사, 재무설계사가 흔히 얘기하는 '사'자 직업에 포함된다고 한다. 의사, 판사, 변호사, 검사, 보험설계사, 재무설계사… 우리나라 사람들이 들으면 코웃음 칠 얘기다. 우리나라에서는 '사' 자는커녕 일반 직장인보다도 천대

받는다. 설계사들조차 자신 있게 자기 직업을 말하기 꺼린다.

보험의 역사는 1920년대로 거슬러 올라간다. 옛 문헌에 보면 1800년대 후반에 시작되었다고 하지만 현대의 보험과 비슷한 형태는 1920년대부터 시작이다. 역사를 얘기하고 싶은 게 아니다. 거의 백년 역사를 가진 보험이 아직 이 정도라니 기가 차서 한번 역사 얘기를 꺼내봤다.

그때 이런 식의 영업을 했다면 그건 이해가 간다. 하지만 지금은 좀 아니지 않나.

10년이면 강산도 변한다. 요즘은 하도 빨라서 5년이면 모든 트렌드가 바뀌나는데, 최근에는 5년도 길다. 5년 전 유행한 폰을 검색해보니 '갤럭시 2'가 뜬다. 그 당시만 해도 최신형 휴대폰이라고 다들 난리였는데 지금은 유물이다. 요즘은 거의 6개월에 한 번씩 스마트폰이 새로 출시된다. 이렇게 세상은 스마트하고 스피디하게 바뀌어 가는데 보험업계는 왜 90년이 지나도록 발전이 없는 걸까. 당연히 상품이나 보험회사는 진화했겠지만, 영업행태나 보험에 대한 지식수준, 이미지는 90년 전과 별반 다를 게 없다.

물론 모든 사람이 저런 식으로 영업하는 것은 아니다. 예전과 비교하면 많이 전문화되고 정직해졌지만 그래도 아직은 많이 부족한 것이 사실이다. '전문화됐다, 정직해졌다'는 우리끼리 하는 얘기지 고객들은 쉽게 인정하지 않는다. 보험업계가 이렇게까지 된 것은 한두가지 문제 때문만은 아니다. 말 그대로 '총체적 난국'이라 할 수 있다. 그렇다고 해서 이걸 그냥 이대로 흘러가게 내버려둘 순 없다. 회사는 회사대로 설계사는 설계사대로 문제를 인식하고 바꿔나가야 한다. 이대로 간다면 백 년, 이백 년이 지나도 그대로일 수밖에 없다.

이런 사태에 대해서는 여러 원인이 있겠지만 사실 가장 근본적인 원인은 보험 자체에 있다. 무슨 말인가 하니 전 국민이 만만하게 봤고 아무것도 아니라고 생각했던 보험이란 놈이 생각했던 것보다 너무 어려웠던 거다. 예상외다. 나도 처음에 입사했을 때는 보험이란 놈을 쉽게 보고 그냥 건너뛰려고 했다. 하지만 그렇게 쉽게 볼 상대가 아니었다. 입사 전 AFPK, IFP, 증권투자상담사 같은 자격증을 따고 왔기 때문에 보험보다는 펀드, 적금, 연금 같은 재무 관련 상품에 매달리려고 했다. 근데 막상 이들을 접하고 보니 보험이 만만치 않았다. 오히려 다른 상품들보다 더 어려웠다. OMG.

대학생들이 취업할 때, 이른바 금융권인 증권사나 은행은 꽤 높은 스펙을 요구한다. 어설프게 공부해서는 들어가기 힘든 게 금융권이다. 하지만 보험설계사는 어떤가? 스펙은커녕 운전면허 필기 합격할 정도의 노력만 있으면 다 입사할 수 있다. 그러나 막상 입사하게 되면 증권사나 은행의 상품 같은, 아니 그것보다 더 어려울 수도 있는 상품을 컨설팅하고 판매해야 하는데 그게 가능하냐는 말이다. 가끔 지하철에서 설계사 모집하는 광고를 보면 의지만 있으면 누구든 할 수 있다고 하는데 그 광고에 대해서는 전적으로 반대다. 물론 스펙이 좋다고, 아는 게 많다고 잘하는 건 아니다. 중요한 건 입사하기 전이든 입사하고 나서든 굉장한 노력이 필요하다는 얘기다.

그 문제 많은 보험을 만드는 보험회사도 문제는 있다. 아무래도 보험회사가 실적 위주의 회사다 보니 강압적인 판매가 공공연하게 이뤄지고 있다. 크게 필요하지 않아도 억지로 가입하거나 가입시켜야 하는 일이 생긴다. 수당구조도 문제에 한몫한다. 대부분의 회사가 수당을 줄 때 등급에 따라 차등적으로 수당을 주기 때문에 어떤 때는 한 건 차이로 작게는 수십만 원에서 크게는 수백만 원까지 왔다 갔다 한다. 이삼만 원짜리 한 건만 더하면 등급이 한 단계 올라가서 한 달 치 월급이 더 생기는데 누가 안 하겠는가. 남이 가입 안 해주면 내 거라도 한 건 해서 몇백 챙기고 나중에 해지하면 그만이다.

TV에서 유럽의 보험시장을 소개해주는 프로그램을 본 적이 있다. 정확히 어떤 나라인지는 기억나지 않지만, 그 나라는 설계사가 판매수당을 받는 것이 아니라 상담비를 받는다. 그 설계사는 상품을 팔고 안 팔고는 문제가 아니다. 얼마나 상담을 잘 해주냐에 따라서 돈을 많이 벌고 못 벌고가 결정된다. 우리나라는 상품을 팔아야 돈을 벌기 때문에 아무리 잘 상담해도 가입을 못 시키면 땡이다. 어쩔 수 없이 판매 위주의 영업을 할 수밖에 없다. 말이 좋아 컨설팅이지 지금의 수당 구조에서 제대로 된 컨설팅은 굉장한 내적 갈등을 유발한다. 권유하는 상품도 우리나라의 보험시장 구조에서는 한정적일 수밖에 없다. 상담비를 받는 설계사라면 회사를 막론하고 고객에게 가장 유리한 상품을 권하겠지만, 판매수당을 받는 설계사는 내가 팔 수 있는 상품 안에서 컨설팅해줄 수밖에 없다. 어떤 설계사가 실컷 상담하고 남의 회사 상품을 권하겠는가. GA 보험대리점(여러 회사를 취급하는 보험대리점)이 최근 각광을 받는 것도 이런 이유에서다.

고객이 볼 때 가장 문제는 설계사일 것이다. 설계사는 그들 나름대로 억울하겠지만 어쨌든 고객과 일선에서 만나는 것이 설계사이기 때문에 가장 정신 차려야 하는 사람이 설계사인 것이다. 고객의 기대에 부합하는 제대로 된 설계사, 욕 안 먹는 설계사가 되려면 삼박자가 잘 맞아야 하는데 양심, 실력, 의지가 그 세 가지이다(이건 전적으로 내 개인적인 기준이다).

아무리 똑똑하고 열심히 해도 양심이 틀려먹었으면 그건 최악이다. 양심이 없다면 실력과 의지는 오히려 고객에게 치명적인 독이 된다. 요즘도 보험회사의 판매왕들이 사기죄로 구속되는 뉴스를 심심찮게 볼 수 있다. 그 판매왕은 고객에게 치명적인 독이고 보험업계에 치명적인 독이다.

실력은 선천적(입사 전), 후천적(입사 후)으로 갈고 닦아야 한다. 생각도 트여 있어야 한다. 자격증이 많다고 실력이 좋은 건 아니다. 항상 배우려는 자세로 매일매일 공부해야 한다. 보험이라는 것이 종류도 많고 워낙 자주 바뀌기 때문에 매일 연구하고 교육받지 않으면 제대로 알 수 없다. 유명한 은행 PB나 재무설계사들이 보험을 제대로 알겠는가. 전혀 그렇지 않다. 그들은 그저 큰 틀만 제시해줄 뿐이다. 실제 고객에게 맞는 세부적인 컨설팅은 설계사가 훨씬 많이 알 수밖에 없다. 보험업계의 큰 틀에 대한 이해와 세부 상품에 대한 상세 지식이 공존해야 한다.

의지도 중요하다. 양심이 있고 실력도 있지만, 열심히 하려는 의지가 없으면 고객에게 아무런 도움도 줄 수가 없다.

입사한 지 만 6년이 됐다. 처음에는 몰랐지만 1년, 2년 지나면서 보험업계에 대한 크고 작은 문제들이 눈에 보이기 시작했다. 이 문제에 대해서 조금이나마 도움이 되고자 이 책을 쓰게 됐다. 사실 이 책에 실린 내용은 블로그에서 먼저 시작됐다. 블로그를 운영하면서 많은 고객을 상담했고 감사하게도 많은 고객이 좋게 봐주셨다. 내가 설명하는 내용은 그렇게 특별한 게 아니었다. 보험에 가입했다면 당연히 들었어야 했고 알고 있어야 하는 내용이다. 하지만 그런 것들을 난생처음 듣는다는 고객이 대부분이었다. 상담고객 중에 블로그를 모든 국민이 한 번은 읽어야 한다고 얘기해준 고객도 있었고, 보험이 이런 것이었다면 우리나라 국민은 전부 보험에 새로 가입해야 한다고 말한 고객도 있었다. 그런 반응과 격려, 응원이 이 책을 만드는 계기가 되었다.

시중에 나온 책들은 대부분 두 가지로 분류된다.

첫째는 성공한 설계사들이 다른 설계사들에게 도움을 주기 위해 자기의 노하우를 쓴 책. 둘째는 재무설계사나 보험업에 종사하는 사람들이 쓴 보험이론에 관한 책. 그 외의 책도 간혹 있지만 큰 비중을 차지하진 않는다. 이 두 가지 책들도 나름대로 쓸모가 있고, 있어야 하는 책이다. 하지만 이 책에는 노하우도 없고 이론적인 내용도 거의 없다. 전문적인 용어나 어려운 말도 최대한 일상적인 언어로 쓰려고 노력했다. 이 책의 목적은 딱 한 가지다. 제대로 된 보험 가입. 고객들이 보험에 가입할 때 꼭 한 번은 읽어보고 가입해야 하는, 실제적인 도움을 주는 책. 그런 용도로 쓰이는 게 나의 바람이다.

전 세계에서 가장 많이 팔린 책이 성경이지만 판매량에 비해 가장 많이 안 읽히는 책도 성경이지 않을까 싶다. 그래서 성경을 우스갯소리로 '후탁성경'이라고도 한다. 평소에는 한 주 내내 먼지가 쌓여 있다가 주일 되면 빼내서 후~~~ 불고 탁! 털고 교회로…. 성경은 '후탁성경'이 되면 안 되지만 이 책은 '후탁보험책'이 되었으면 하는 것이 작은 소망이다. 이 책을 평소에 읽을 필요는 전혀 없다. 하지만 성경처럼 한 집에 한 권씩은 꼭 가지고 있다가 보험에 가입해야 하거나 점검해볼 필요가 있을 때 잽싸게 책장에서 꺼내서 후~~~ 불고 탁!! 털고….

"미꾸라지 한 마리가 온 개울물을 다 흐린다."라는 말이 있다. 하지만 실제로 미꾸라지는 물을 맑게 하는 이로운 생물이라고 한다. 이 책이 정체돼 있고 썩어 있는 개울물을 흔드는 미꾸라지 같은 역할을 했으면 한다. 현재 보험시장의 문제는 한 사람의 문제가 아니다. 그러므로 혼자 발버둥 친다고 해결될 문제 또한 아니다. 미꾸라지 한 마리로는 부족하다. 이 책을 통해 각 처소에서 나와 같은 생각을 가지고 성실하게 일하고 있는 설계사, 보험사, 그리고 고객들이 한 마리의 미꾸라지가 되어서 함께 관심을 가지고 노력했으면 한다.

90년 역사에 걸맞은 나이 값하는 대한민국 보험. 생각만 해도 설렌다.

Contents

보험
덮어놓고
가입하면
거지꼴을
못면한다

1장 실제상황 I

실제(實際) [명사]: 사실의 경우나 형편
상황(狀況) [명사]: 일이 되어가는 과정이나 형편

신입사원 이대충

험난한 취업 전선을 뚫고 입사한 지 2년차. 대기업은 아니지만 88
만원 세대라 불리는 요즘 취업한 것만으로도 감사하다는 생각을 가
지고 열심히 일하고 있다. 이제 어느 정도 회사에 적응하고 선배들에
게 인정도 받는 중이다.

"이대충 씨 커피 한잔 하고 해."

평소 나와 친한 '박꼼꼼' 선배였다. 오늘도 어김없이 야근하고 있는 나
에게 먼저 다가와 커피를 건넸다.

"박 선배님 피곤해 죽겠어요. 이놈의 야근, 언제쯤 안 할 수 있으려나.
요즘은 대학 다닐 때가 그립다니까요."

"하하. 그런 소리 하지 마. 요즘 청년 백수들이 얼마나 많은데, 그런 소
리 하면 맞아 죽어."

"그래도 이게 어느 정도껏 해야지 퇴근하면 바로 잠들고 일어나면 회사로 출근하고. 완전 일하는 기계 같아요."

"처음엔 다 그런 거야. 컨디션 조절 잘 해가면서 일해. 몸 망가지면 답도 없어."

"네, 안 그래도 집에서 홍삼 보내주셔서 그거 먹어가면서 버티고 있어요."

"그래, 몸 잘 챙기고 얼른 들어가서 일 마무리하자. 집에는 가야지."

"네, 선배님."

이날도 시간이 11시가 다 돼서야 집에 올 수 있었다. 불 꺼진 방은 적막하기 그지없었다. 취업하고 회사와 집이 너무 멀어 부모님으로 부터 독립하고 혼자 사는 중이다. 부랴부랴 씻는 둥 마는 둥 샤워를 하고 자리에 누웠다. 머리가 지끈거렸지만, 너무 피곤했기 때문에 그런 생각을 취할 틈도 없이 금방 잠이 들었다.

시간이 얼마 지났을까 머리가 깨질 듯이 아파 눈을 떴다. 속은 메스꺼웠고 하늘은 빙빙 돌았다. 머리를 만져보니 열도 꽤 나는 것 같았다. 새벽 3시. 가만히 있어서는 도저히 안 될 것 같아 겨우 옷을 챙겨 입고 응급실로 향했다.

새벽이라 그런지 날은 굉장히 쌀쌀했다. 엄밀히 말하면 쓸쓸했다. 혼자 차를 몰고 병원으로 가자니 괜히 슬퍼졌다. 밤늦게까지 일하는 것도 서러운데 아프기까지 하다니⋯ 엄마 생각이 절로 났다.

20분 정도 차를 몰고 나가서 대학병원에 도착했다. 생전 처음 가보는 응급실이었다. 평소에 병원도 잘 가지 않았기 때문에 응급실은 더 생소했다. 새벽 3시가 넘은 시간이었기 때문에 한적하고 조용할 거라 생각했지만, 예상외로 정신없고 무서웠다. 간혹 비명도 들려왔다. 이 새벽에 이렇게 아픈 사람이 많을 거라고는 생각도 못 했다. 누울 자리가 있을지 걱정이 될 정도로 응급실은 꽉 차 있었다. 걱정되는 마음으로 접수를 했다. 30분 기다리란다. 아파 죽겠는데. 어쩔 수 없이 혼자 끙끙거리며 진료를 기다렸다.

30분이라고 했지만 거의 1시간이 다 돼서야 진료를 받을 수 있었다. 많이 걱정했던 것과는 달리 단순 과로란다. 휴, 다행이다. 큰일이라도 난 줄 알았는데. 야근하면서 피로가 누적됐었나 보다. 링거를 맞으면 괜찮아질 거란 얘기를 듣고 자리에 누웠다. 그리곤 잠이 들었다.

"이대충 씨 링거 다 맞으셨어요. 집에 가셔도 됩니다."

간호사의 목소리에 잠이 깼다. 얼마 동안 잠들었던 걸까? 바깥을 보니 벌써 아침이었다. 정신을 차리고 집으로 갈 준비를 한 다음 원무과로 향했다.

"이대충 씨, 진료비랑 링거 맞으신 거 해서 15만 원입니다."

"네, 여기 있습니다."

태연하게 계산을 했다. 아니 태연한 척 계산을 했다는 표현이 정확할 것이다. 한 3만 원이면 될 줄 알았는데. 차라리 참을 걸 그랬나, 하는 생각이 머리를 맴돌았다.

'15만 원이면 일주일 생활비인데.'

하지만 건강한 게 우선 아닌가라고, 되지도 않는 위로를 스스로 하면서 집으로 돌아왔다.

집에 와서는 회사에 전화해서 월차를 냈다. 아무리 회복됐다고 하지만 바로 일하러 가기엔 체력이 너무 떨어져 있었다. 겸사겸사 하루 푹 쉬기로 했다. 오랜만의 휴식이라 그런지 너무 행복했다. 오후가 돼서야 정상 컨디션이 좀 돌아오는 것 같았다.

최근 몇 주 동안 평일과 주말 할 것 없이 출근하다 보니 집이 엉망이었다. 그동안 밀렸던 빨래를 하고 간만에 대청소도 했다. 독립하면서 남자 혼자 사는 집 티 절대 내지 않겠다고 다짐했었는데… 지금은 뭐 남자 혼자 사는 집이 아니라 그냥 폐허 수준이다. 청소하고 빨래하다 보니 하루는 금방 지나갔다.

'자고 일어나면 또 출근이구나.' 월요병이 평일에도 도질 줄이야.

다음날 평소와 같이 회사로 출근했다.

"어이 ∼ 젊은 사람이 얼마나 아팠길래 연차까지 냈어?"

박꼼꼼 선배가 출근하자마자 커피를 건네며 한소리 한다.

"아∼ 모르겠어요. 저도 건강에는 자신 있었는데…."

"내가 뭐라 그랬어? 몸 챙겨가면서 일하라고 했잖아. 몸 버리면 다 끝이야."

"네. 그래야겠어요. 그런데 선배님, 응급실 가보신 적 있으세요?"

"응. 나야 애들 때문에 몇 번 간 적 있지. 왜?"

"아∼ 저는 응급실을 처음 가봤는데 새벽에 아픈 사람들이 굉장히 많더라구요. 의외였어요."

"응. 우리가 몰라서 그렇지 응급실은 항상 바글바글하더라."

"진짜 사람 일은 어떻게 될지 모른다는 걸 응급실에서 느꼈어요."

"맞아. 내일 일을 누가 장담하겠어… 하루하루 열심히 살아야지."

"맞아요. 선배님 앞으로 일주일 동안 저 점심 좀 사주시면 안 돼요?"

"엥? 갑자기 웬 점심 타령이야?"

"농담이에요. 사실 응급실 병원비가 생각보다 많이 나와서요. 생활비를 확 줄여야겠어요. 도시락 싸서 다닐까 봐요."

"얼마 나왔는데?"

"15만 원이요."

"응급실이 원래 그렇지. 근데 뭘 걱정이야. 보험처리 하면 되잖아?"

"예? 보험이요? 저는 그런 거 없어요."

"어허! 이제까지 보험 하나 없었단 말이야?"

"네. 저야 뭐 병원 갈 일도 잘 없고 특별히 보험에 대해서 생각해본 적이 없어서요. 돈만 아깝잖아요. 어차피 젊을 때 잘 아프지도 않은데."

"이 사람이 응급실 가보고도 그런 소리가 나오나? 사람 일이란 게 어떻게 될지 장담할 수가 없는 건데 최소한 준비는 해야 하지 않겠어?"

"그거야 그런데… 아직은 필요하다는 생각을 한 번도 해본 적이 없어요."

"지금이야 응급실 한 번이라 15만 원이지만 나중에 제대로 아프면 어떡하려고."

"에이, 저 겨우 30대 초반이에요. 그럴 리가 있겠어요? 차라리 적금을 들죠."

"지금 15만 원 가지고도 도시락을 싸니 마니 하면서 나중에 병원비로 큰돈 들어가면 어쩌려고 그래."

"아, 그렇긴 하죠. 이제껏 보험에 대해서 진지하게 생각해본 적이 없어요. 필요하다고 느낀 적도 없구요."

"나도 처음에 그랬어. 입사하고 처음으로 돈을 벌기 시작하는데 보험에 돈을 쓴다는 게 아깝긴 했지. 근데 지나고 나서 보니까 미리 준비했으면 좋았을 걸 하는 생각이 들더라고."

"그런가요? 저는 아직도 잘 모르겠어요."

"그래도 오늘 같은 일이 또 생기지 말라는 법 없으니까, 돈 많이 들이지 말고 부담 안 가는 선에서 최소한은 준비해놔."

"음. 이번에 아파 보니 최소한으로 준비해두는 것도 나쁘지는 않을 것 같네요."

"그래. 내가 잘 아는 사람 소개해줄 테니까 한 번 만나봐. 자네한테 전화하라고 할게."

"헉, 이렇게 갑자기요?"

"맘먹었을 때 해야지, 안 그럼 또 못해."

"네. 그럼 선배님이 소개해주는 거니까 믿고 해볼게요."

"그래."

한참 얘기를 끝내고 책상에 앉았다. 하루 쉬고 왔을 뿐인데 일은 산더미처럼 쌓여 있었다.

오늘도 야근은 피할 수 없는 상황이었다. 한숨을 크게 쉬고 일에 집중했다.

'아, 나의 청춘이여.'

신입사원 이대충

한 번이라도 병원에 입원해본 적이 있는 사람은 보험의 필요성에 대해서 어느 정도 인식하고 있을 것입니다. 하지만 병원 근처에도 가본 적 없는 젊은 사람들은 보험보다는 차라리 그 돈으로 적금을 드는 게 낫다고 생각을 합니다. 자신의 건강에 자신이 있고 뉴스에 나오는 사고나 큰 질병은 남의 얘기처럼 생각하기 때문입니다.

하지만 병원비로 어려움을 당한 사람들 중 누구도 자기가 그렇게 될 거라고 예상한 사람은 없습니다. 적금을 든다고 하지만 불의의 사고나 질병은 돈이 모일 때까지 기다려주지 않습니다. 괜히 우기지 말고 지금 당장 관심을 가지고 준비해봅시다.

보험, '그까이꺼' 대충
- -

일주일이 지났다. 아팠던 것도 다 잊고 시간이 어떻게 지나갔는지 모를 만큼 일에 빠져 하루하루를 보냈다. 톱니바퀴처럼 돌아가는 일상생활이 너무 지겨웠지만 다들 이렇게 살고 있다는 생각에 참아가며 또 하루를 시작한다.

한참 일하는 중에 모르는 번호로 전화가 걸려왔다.

"여보세요?"

"안녕하세요~ 이대충 님 핸드폰 맞나요?"

"네, 그런데요. 누구시죠?"

"아, 안녕하세요. 박꼼꼼 씨 소개로 연락 드렸습니다. 보험설계사 '막팔아'입니다."

박 선배와 얘기를 나눈 후 한참 동안 잊고 있었던 보험설계사의 전화였다.

"아~ 보험이요?"

"네. 반갑습니다."

"안녕하세요. 제가 보험이 하나도 없어서요. 어떻게 하면 되나요?"

"네. 간단한 기본정보만 주시면 제가 몇 가지 뽑아서 갈게요. 어차피 한 번은 만나야 하니깐요. 자세한 건 만나 뵙고 얘기하면 될 것 같네요."

"네, 감사합니다. 그럼 어떤 걸 알려드리면 되나요?"

"우선 나이, 직업 알려 주시구요, 한 달에 보험료가 얼마 정도면 괜찮으시겠어요?"

"나이 30세, 직업 회사원이구요, 음… 한 달 보험료는 10만 원이면 될 것 같아요. 물론 저렴할수록 좋구요."

"네, 알겠습니다. 시간은 언제가 괜찮으세요?"

"음, 내일 점심 먹고 나면 30분 정도 비는데 그때 보면 괜찮을 것 같네요."

"네, 그럼 제가 몇 가지 뽑아서 내일 찾아뵙겠습니다."

"네."

평소에 내가 워낙 좋아하고 신뢰하는 박 선배가 추천해줬기 때문에 내일 상담을 받긴 하겠지만, 마음속으로는 벌써 가입이 끝나 있었다.

약속한 점심시간이 되어 담당 설계사를 만났다.

"안녕하세요. 이대충 님."

"네, 안녕하세요."

"우선 제가 몇 가지 뽑아 왔어요. 제가 설계별로 특징을 말씀드릴게요. 들어보시고 맘에 드시는 걸로 선택하시면 될 것 같아요."

"네."

설계사는 미리 뽑아온 3가지의 설계 안에 대한 보장 내용을 하나씩 설명해주었다.

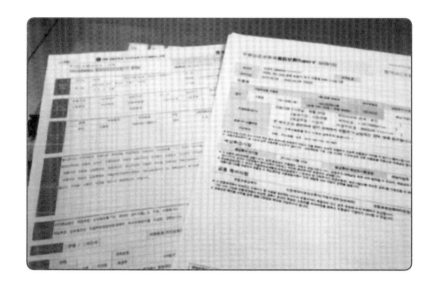

　"A 설계는 암에 걸리면 3,000만 원, 사망 시 1억 등을 보장 받을 수 있구요, B 설계는 금액을 좀 낮춰서 암 2,000만 원, 사망 시 8천만 원 등을 보장받을 수 있습니다. 그리고 C 설계는…"

　막팔아 씨는 20~30분에 걸쳐 A, B, C 설계안에 대한 보장 내용을 설명해줬다.

　"어떠신가요? 어떤 게 제일 나은 것 같으세요?"

　"저… 봐도 잘 모르겠네요. 그냥 금액이 중간인 B 안으로 할게요. B로 해도 웬만한 건 다 되는 거죠?"

"그럼요. 보장금액이 조금 낮긴 한데 지금 결혼도 안 하셨고 자녀도 없으니까 이거 하나로도 충분할 겁니다."

◀ 제대로 된 상담방법

나는 미리 뽑아온 설계 중 중간 금액인 B 안을 골라 사인을 했다. 애초에 관심이 없어서 그런 건지는 몰라도 들어도 이해가 잘 안 됐다. 하지만 뭐 보험이란 게 다 비슷하고 계속 고민해봤자 머리만 아플 것 같아 무난해 보이는 걸로 사인하고 끝냈다.

'박 선배님이 소개해주신 분인데 어련히 알아서 하시겠어?'

그러고 나서 한동안 잊어버리고 시간은 흘러 일주일이 지났다.

"이대충 씨 계신가요? 우편물 왔습니다."

"네, 제가 이대충인데요. 우편물 올 게 없는데. 어디서 온 건가요?"

"OO보험사라고 돼 있네요."

일주일 전에 가입한 보험 증권이었다.

"아, 네. 감사합니다."

대충 훑어보긴 했는데 무슨 말인지도 잘 모르겠고 내용도 너무 많아서 곧바로 서랍 속에 넣었다.

보험 '그까이꺼' 대충

FC(Financial Consultant)
FP(Financial Planner)
RC(Risk Consultant)
LP(Life Planner)

보험설계사를 지칭하는 단어는 이외에도 무수히 많이 있습니다. 하지만 회사에서 추구하는 의미는 거의 비슷할 겁니다. 고객의 재무를 컨설팅해주는 사람이죠. 하지만 단어만 세련됐을 뿐 현실에서는 아직 의미대로 잘 이뤄지지 않는 게 사실입니다. Consulting보다는 Sales죠.

이대충 씨가 보험에 가입한 모습. 우리와 별로 다르지 않습니다. 여기에 등장하는 설계사도 그렇고요. 여러분은 컨설팅받으셨나요?

피 보 험 자	30세/남/(1급) 재무 사무직 관리자			
보장명	보장상세	가입금액 (만원)	납입/ 보험기간	보험료(원)
일반상해후유장해(3%~100%) (기본계약)	일반상해로 후유장해시 (장해분류표(약관참조)에서 정한 3%~100% 장해지급률에 해당하는 장해상태시 장해지급률을 보험가입금액에 곱하여 산출한 금액을 보험금으로 지급)	13,000	20년/100세	5,850
일반상해80%이상후유장해	일반상해로 80% 이상 후유장해시	13,000	20년/100세	1,430
일반상해사망	일반상해로 사망시	13,000	20년/100세	8,450

질병80%이상후유장해	보험기간중 질병으로 80% 이상 후유장해시	2,000	20년/100세	1,380
대중교통이용중교통상해사망후유장해(갱신형)	대중교통수단 이용중 교통상해로 후유장해시 (단, 80% 미만 후유장해는 장해지급률을 곱한 금액을 지급)	2,000	20년/100세	26
자전거탑승중상해사망후유장해	자전거 탑승중 상해로 사망 또는 후유장해시 (단, 80% 미만 후유장해는 장해지급률을 곱한 금액을 지급)	2,000	20년/100세	180
강력범죄피해보장	강력범죄(약관참조)에 의해 사망하거나 신체에 피해사 발생했을 경우 (단, 폭행/폭력으로 인하여 신체에 피해가 발생한 경우에는 1개월을 초과하여 의사의 치료를 요할 때에만 보상)	300	20년/100세	102
질병사망80%이상후유장해	보험기간중 질병으로 사망 또는 80% 이상 후유 장애시	10,000	20년/80세	54,300
일반상해50%이상후유장해	일반상해로 50% 이상 후유장애시	1,000	20년/100세	200
일반상해신체장애(A~B급)	보험기간중 상해로 인해 신체적장애등급표(약관참조)에서 정한 A급~B급 장애판정을 받았을 시 (최초1회한)	10,000	20년/100세	8,000
질병특정고도장해진단비	보험기간중 질병으로 인해 질병특정고도장해 판정기준에서 정한 장해상태가 되었거나, 지체, 뇌병변, 시각, 청각, 언어장애 중 하나 이상의 장애가 발생하고 장애인복지법시행령 2조 및 장애인복지법 시행규칙 2조에서 정한 1급/2급 장애인(지체, 뇌병변, 시각, 청각, 언어장애에 한함)이 되었을 시 (최초1회한)	1,000	20년/100세	1,080
암80%이상후유장해	암보장개시일(예약일로부터 90일이 지나는날의 다음날) 이후에 암 또는 보험기간중 기타피부암, 갑상선암으로 진단확정되고 그 암, 기타피부암, 갑상선암으로 인하여 80% 이상 후유장해시	10,000	20년/100세	2,500
질병50%이상후유장해	보험기간중 질병으로 80% 이상 후유장해시	3,000	20년/100세	22,860
상해입원일당(1일이상)II	일반상해로 입원치료시 (1일당, 1사고당 입원일수 180일 한도)	3	20년/100세	4,239
골절진단비II	일반상해로 골절되어 진단확정시 (1사고당, 치아파절 제외)	30	20년/100세	1,230
5대골절진단비	일반상해로 머리의 으깸손상, 목의 골절, 흉추의 골절/흉추의 다발 골절, 요추/골반의 골절, 대퇴골의 골절로 진단확정시 (1사고당)	20	20년/100세	118
5대골절수술비	일반상해로 머리의 으깸손상, 목의 골절, 흉추의 골절/흉추의 다발골절, 요추/골반의 골절, 대퇴골의 골절로 진단확정후 수술시 (1사고당)	20	20년/100세	20
깁스치료비	일반상해 또는 질병으로 깁스치료시 (1사고당, 부목치료는 제외)	30	20년/100세	768
화상진단비	일반상해로 심재성 2도 이상의 화상으로 진단확정시 (1사고당)	30	20년/100세	198
상해수술비	일반상해로 수술시 (1사고당, 같은 상해로 두 종류 이상의 수술을 받은 경우 하나의 수술비만 지급)	50	20년/100세	2,385
중대한특정상해수술비	일반상해로 뇌손상 또는 내장손상을 입고 사고일로부터 180일 이내에 개두, 개흉, 개복 수술시 (최초1회에 한함)	300	20년/100세	279
중대한화상및부식진단비	일반상해로 중대한 화상 및 부식(신체표면적 최소 20% 이상의 3도 화상 또는 부식)으로 진단확정시 (최초1회에 한함)	2,000	20년/100세	124

피 보 험 자	30세/남/(1급) 재무 사무직 관리자			
보장명	**보장상세**	**가입금액 (만원)**	**납입/ 보험기간**	**보험료(원)**
급성심근경색증진단비	보험기간중 급성심근경색으로 진단확정시 (최초1회에 한함, 가입후 1년 미만 진단시 가입금액의 50% 지급)	2,400	20년/100세	5,112
허혈성심장질환진단비	보험기간중 허혈성심질환으로 진단확정시 (최초1회에 한함, 가입후 1년 미만 진단시 가입금액의 50% 지급)	600	20년/100세	2,112
항암방사선약물치료비	암보장개시일(계약일로부터 90일이 지나는날의 다음날, 계약일 현재 보험나이 15세 미만 피보험자의 경우 계약일) 이후에 암으로 진단확정되고 항암방사선약물치료를 받을시 (최초1회에 한함, 가입후 1년 미만 진단시 가입금액의 50% 지급) 보험기간중 기타피부암, 감상선암으로 진단확정되고 항암방사선 약물치료를 받을시 (최초1회에 한함, 가입금액의 20%지급. 가입후 1년 미만 진단시 가입금액의 10% 지급)	100	20년/100세	757

암수술비I	암보장개시일(계약일로부터 90일이 지난날의 다음날, 계약일 현재 보험나이 15세 미만 피보험자의 경우 계약일) 이후에 암 또는 보험기간중 기타피부암, 갑상선암, 제자리암, 경계성종양으로 진단확정되고 직접치료를 목적으로 수술시 (수술 1회당, 가입금액의 20%지급, 가입후 1년 미만 수술시 가입금액의 10% 지급) ※ 항암방사선 및 항암약물치료는 보상제외	300	20년/100세	633
암수술비II	암보장개시일(계약일로부터 90일이 지난날의 다음날, 계약일 현재 보험나이 15세 미만 피보험자의 경우 계약일) 이후에 암(단, 기타피부암, 갑상선암, 제자리암, 경계성종양은 제외)으로 진단확정되고 직접치료를 목적으로 수술시 (최초 1회에 한함, 가입금액의 80%지급, 가입후 1년 미만 수술시 가입금액의 40% 지급) ※ 항암방사선 및 항암약물치료는 보상제외	30	20년/100세	1,728
암직접치료입원일당(4일이상)	암보장개시일(계약일로부터 90일이 지난날의 다음날, 계약일 현재 보험나이 15세 미만 피보험자의 경우 계약일) 이후에 암으로 진단확정되고 직접치료를 목적으로 4일 이상 계속 입원치료시 (3일초과 1일당, 가입후 1년 미만 입원시 가입금액의 50% 지급) 보험기간중 기타피부암, 갑상선암, 제자리암, 경계성종양으로 진단확정되고 직접치료를 목적으로 4일 이상 계속 입원치료시 (3일 초과 1일당, 가입금액의 20%지급, 가입후 1년 미만 입원시 가입금액의 10% 지급) ※ 1회 입원일당 120일 한도	10	20년/100세	3,970
질병입원일당(1일이상)	보험기간중 질병으로 입원치료시 (1일당, 동일질병당 180일 한도)	3	20년/100세	11,904
질병수술비	보험기간중 질병으로 수술시 (1사고당, 같은 질병으로 두 종류 이상의 수술을 받은 경우 하나의 수술비만 지급)	20	20년/100세	1,722
특정희귀난치성질환수술비	보험기간중 특정희귀난치성질환으로 수술시 (수술1회당)	300	20년/100세	1,005
누적외상성질환(VDT증후군)수술비	보험기간중 누적외상성질환(VDT증후군)으로 진단확정후 그 치료를 직접적인 목적으로 수술시 (수술1회당)	100	20년/100세	16
충수염(맹장염)수술비	보험기간중 충수염(맹장염)으로 진단확정되고 그 치료를 직접적인 목저으로 수술시 (최초 1회에 한함)	30	20년/100세	102
피부질환수술비	비부질환(피부 및 피하조직의 감염, 수포성 장애, 피부염 및 습진, 두드러기 및 홍반 등 약관 참조)으로 수술시 (수술1회당)	10	20년/100세	9
호흡기관련질병수술비	호흡기관련질병(급성상기도감염, 상세불명의 상기도 질환, 상세부렴의 만성 기관지염, 천식, 폐렴, 재항군인병 등 약관 참조)으로 수술시 (수술1회당)	30	20년/100세	3

갑자기 이상한 게 나와서 정신없으시죠?

저도 막팔아 씨처럼 제 마음대로 설계해봤습니다. 과연 이런 설계는 누구를 위한 설계일까요?

설계사가 마음대로 설계하고 내용을 설명하고 그 안에서 수정하는 이런 식의 판매는 고객에게 전혀 도움되지 않습니다. 하지만 많은 사람이 이런 식의 가입을 해왔습니다.

이게 얼마나 말이 안 되는 얘기인지 조금이라도 알려드리기 위해서 실제설계서를 올려보았습니다. 물론 세부적인 내용을 하나씩 자세히 볼 필요는 없습니다.

그냥 저렇게 가입할 수 있는 항목이 많다는 걸 보여드리려고 한 겁니다. 저게 다가 아닙니다. 더 많은 항목들이 설계사의 노트북에 숨어 있습니다. 하나의 항목마다도 설정할 수 있는 가입금액 또한 매우 다양합니다.

가장 위쪽 설계서 세 번째에 있는 상해사망 항목을 보면 해당 설계는 13,000만 원으로 설정돼 있지만 100만 원부터 10억까지 설정이 가능합니다. 상해사망 항목 한 가지만 해도 설정할 수 있는 경우의 수가 1,000가지라는 겁니다. 많은 사람이 가입하는 암 진단비 또한 회사마다 차이는 있지만 대부분 100만 원부터 5,000만 원까지 설정 가능합니다. 암 진단비도 설정할 수 있는 경우의 수는 50가지가 되는 거죠. 한 가지 항목만 해도 이렇게 많은 선택이 가능한데 이런 항목들이 대략 50개 정도 있습니다.

위의 이야기에서 이대충 씨는 3가지 설계안을 받았지만 보험을 설계해보면 나올 수 있는 설계안은 사실 무한대입니다. 무한대 중에서 3가지를 골라 설명을 하는 겁니다. 이렇게 제안을 하고 가입하다 보니 한 설계사에게 가입한 고객은 설계한 내용이 전부 거기서 거기입니다. 사람의 형편이 다르고 생각이 다른데 그런 건 고려하지 않고 무조건 설계사 마음대로 설계해서 가입하는 보험이 과연 나에게 얼마나 맞을까요? 그래서 컨설팅이 중요하고 내가 생각을 가지고 스스로 가입하는 게 중요하다는 겁니다. '그까이꺼' 대충하다가 큰일 날 수 있습니다. 상담에서 계약까지 30분? 턱도 없습니다.

03

이건 아니잖아

정신없이 살다 보니 1년이 후딱 지나갔다. 연말이 지나고 나니 야근은 많이 줄어들었다. 요즘은 7시 정도면 무난히 퇴근할 수 있어서 좀 살 만하다는 생각이 든다. 여유가 생기면서 취미생활도 시작했다. 누구나 취미생활 적는 칸에 한 번씩은 적어봤을 법한, 하지만 실제로는 거의 하지 않는 취미생활. 독서와 음악 감상. 남들이 보면 웃을 수도 있겠지만 요즘 나는 거기에 푹 빠져 살고 있다. 오늘도 다른 사람들보다 좀 일찍 출근해서 바흐의 무반주 첼로 곡을 틀어놓고 커피를 마시며 여유를 부리는 중이다.

"안녕하십니까!"

나의 우아한 취미생활을 한 번에 무너뜨리는 우렁찬 목소리. 얼마 전에 들어온 신입사원 '김확실'이다. 얘기를 몇 마디 나눠보지 않았지만, 성격이 굉장히 꼼꼼하고 철저한 것 같았다. 인턴성적도 1위라고 했다. 소위 말하는 엘리트 신입.

"일찍 출근했네. 피곤하지 않아?"

"아닙니다. 괜찮습니다."

"그래. 같이 커피 한잔 할까?"

"네. 좋습니다."

신입사원 시절 일에 치여 인상만 쓰고 다녔던 나랑은 어딘가 모르게 달랐다. 신입사원임에도 여유가 있었고 어떤 일을 맡기던 기대 이상의 성과를 보였다. 회사 내 평가도 굉장히 좋았다.

"확실 씨! 할 만해?"

"네, 선배님. 선배님들이 많이 도와주셔서 어렵지 않게 하고 있습니다."

"그래. 열심히 하는 모습 보기 좋네. 우리 오늘 점심이나 같이 할까?"

"네, 좋습니다. 그럼 오늘은 제가 아는 국밥집으로 모시겠습니다. 집이 이 근처라 제가 맛집은 꽉 잡고 있거든요."

"좋지, 국밥. 어제 술을 너무 마셔서 속 좀 풀어야겠어."

애기를 마무리하고 업무시간이 되어 서로의 자리로 돌아갔다. 오전에 간단한 일 처리 몇 개 끝내고 인터넷 좀 하다 보니 금방 점심시간이 됐다. 약속대로 평소에 김확실이 자주 간다던 국밥집으로 향했다.

"많이 먹어."

"네. 선배님도 많이 드세요."

전날 술을 많이 먹어서 그런지 국밥이 나오자마자 국물을 거하게 들이 켰다.

"하~ 시원하다. 이제 좀 속이 풀리는구먼."

"하하, 선배님 천천히 드세요. 속 풀려다 입천장 다 까지겠어요."

"그래. 안 그래도 뜨거워죽겠다."

오전 내내 어제 먹은 술 때문에 속이 좋지 않았던 나는 순식간에 국밥 한 그릇을 다 먹어치웠다.

"여기 맛있네."

"네, 여기가 제 홈그라운드라고 했잖아요. 다음엔 또 다른 코스로 안내해드리겠습니다."

일만 잘할 거라 생각했던 신입사원 김확실은 성격도 싹싹하고 괜찮은 것 같았다.

"좋네, 좋아. 커피 한잔 하러 가자."

"예, 알겠습니다."

회사 근처에 테이크아웃으로 싸게 파는 카페는 줄이 꼬리에 꼬리를 물고 있었다. 혼자라면 기다려서 먹었겠지만, 선배 체면에 거기에 설 순 없었다. 밥 5천 원짜리 먹고 커피 6천 원짜리 먹게 생겼지만 그래도 지금은 후임과 같이 있지 않은가. 메이커 커피숍으로 들어갔다.

"나는 아메리카노, 확실 씨는?"

"네, 저도 똑같은 걸로 먹겠습니다."

"아메리카노 두 잔이요!"

주문한 커피를 마시면서 주위를 한 번 둘러봤다. 점심시간 이후라 그런지 사람이 꽤 많았다. '후식을 이렇게 비싼 걸 사 먹으면 이 사람들은 돈은 언제 모으지' 하는 생각이 들었다. 우리나라 어렵다고 하지만 여기 있는 사람들 보면 꼭 그렇지도 않은 것 같았다. 이런저런 생각을 하며 주위 사람들은 뭐하나 한 번 관찰해봤다. 근데 이상하게도 거기 온 사람 중에 깔끔하게 정장을 차려입은 사람이 많이 보였다. 순간 '뭐지?'란 생각을 했다가 이내 1년 전 내 모습이 생각났다. 사무실이 밀집된 지역이라 그런지 점심시간에 짬을 내서 보험 상담을 받는 사람들이 꽤 있었다.

'맞아. 나도 1년 전에 여기서 막팔아 씨 만나서 보험 가입했었지.'

혼자 상상의 날개를 펼치다 앞에 있는 김확실 씨를 까먹고 있었다.

"선배님, 혼자 무슨 생각을 그렇게 하세요?"

"아, 미안. 잠깐 딴생각을 했네. 확실 씨! 혹시 보험에 대해서 생각해 본 적 있어?"

"보험이요? 갑자기 웬 보험 얘기예요?"

"아니 원래 입사하고 나면 재테크도 하고 보험도 가입하고 그러잖아. 나도 그전에는 관심 없다가 입사하고 나서 준비했거든."

"그렇구나. 저도 학생 때는 관심 없었는데 경제활동 시작하면서 가장 먼저 준비했어요."

"아 그래? 대단하네."

김확실, 뭐가 달라도 한참 다른 사람이었다. 이번엔 좀 아는 티를 낼 수 있을까 했는데 또 지는 기분이다. 커피나 마시자.

"선배님은 보험 몇 개 가입하셨어요?"

이제는 오히려 나한테 질문까지 한다. 예상치 못한 상황이다.

"나? 하나 가입했지. 뭐 많이 필요한가? 그러는 김확실 씨는?"

"아, 저는 ○○보험 상품 1개랑 □□보험 상품 1개 가입했어요. 선배님은 어느 회사 보험이에요?"

"어? 회사 이름이 뭐였더라? 갑자기 생각하려니까 생각이 안 나네. 무슨 유명한 회사였는데. 아니 뭐 보험이란 게 그냥 다 똑같은 거 아닌가? 가입만 하면 됐지, 알아서 뭐해."

"그래도 선배님 본인 보험인데 회사 이름 정도는 알아야 하지 않을까요? 가입은 누구한테 하신 거예요?"

"아, 박꼼꼼 선배 있지? 그 선배님이 소개해주신 분한테 가입했어."

"그렇구나. 어떤 식으로요?"

"어떤 식? 하하 왜 이렇게 몰아붙여. 그게 그렇게 중요한 건가. 그냥 설계사가 설계서 몇 개 뽑아오고 그중에 무난해 보이는 걸로 했지 뭐. 비싼 걸 하면 좋긴 하겠지만 돈이 많이 들어가니까 그냥 중간으로 한 거지. 다들 그렇게 하지 않나?"

"네? 그럼 그 자리에서 설명 듣고 바로 가입하신 거예요?"

"응, 당연하지."

"보험을 그렇게 가입하시면 어떡해요. 저도 처음엔 그러면 되지 않나 싶었는데 어떤 한 분을 만나면서 그런 생각이 확 깨졌어요."

이게 무슨 소리지? 박꼼꼼 선배가 소개를 해줬고, 그냥 가입만 하면 끝이라고 생각했는데. 김확실은 내 앞에서 갑자기 흥분하며 답답하다는 표정을 짓고 있다.

"선배님 가입한 보험증권 보실 줄은 아세요?"

"증권? 아니 그냥 서랍에 넣어두고 한 번도 꺼내보진 않았지. 그걸 봐야 하나?"

"아… 그러면 안되는데…"

"그런가? 에이 몰라. 그만 얘기하자. 이러다 밥 먹은 거 다시 올라오겠다."

뭔가 조언을 해주며 어깨 한 번 으쓱하려고 꺼냈던 얘기였는데 오히려 조언을 듣게 되다니….

퇴근 후 집에 돌아온 나는 별일 아닌 듯 대수롭지 않게 여겼던 김확실 씨와의 대화가 찜찜해 한 번도 보지 않았던 증권을 찾아보기로 했다. 분명 어딘가에서 본 것 같긴 한데, 넓지도 않은 방 안을 한참 뒤지고 나서야 저 구석에 꽂혀 있는 증권을 찾을 수 있었다.

'이만큼 내가 보험에 관심이 없었구나. 1, 2만 원도 아깝게 생각하면서 한 달에 거의 십만 원씩 들어가는 보험은 왜 신경도 안 쓰고 살았지?'

보험 가입 후에 처음으로 관심을 가지고 증권을 보기 시작했다. 하지만 분명히 설명 들었던 내용임에도 불구하고 증권 안에 있는 내용은 전혀 무슨 말인지 이해할 수 없었다. 하얀 건 종이고 검은 건 글씨라는 표현이 정확했다. 순간 머릿속이 복잡했다. 그저 가입만 하면 된다고 생각을 했지, 내가 가입한 내용이 어떤 내용인지 가입 당시에 한 번 듣고는 잊어버리고 살았다.

갑자기 정신이 번쩍 들었다. 찜찜한 마음에 가입 후 처음으로 막팔아 씨에게 전화를 걸었다. 가입한 보험에 대해서 다시 한 번 설명을 부탁했고 전화상으로 보장 내용에 대해서 설명을 들었다. 하지만 무슨 말인지 잘 이해가 되지 않았다. 들을 때는 그런 거구나, 생각했지만 찜찜함이 사라지지는 않았다. 다음날 회사에 출근하자마자 김확실에게 커피 한 잔을 건네며 얘기를 해보기로 했다.

"김확실 씨는 보험에 대해서 잘 아는 거야?"

"네, 그럼요. 적어도 제가 가입한 보험에 대해서는 정확하게 알고 있죠."

"그렇구나. 나는 뭐가 뭔지 도통 모르겠어. 들어도 모르겠던데. 왜 그런 거지?"

"음… 선배님은 보험 가입하실 때 설계사가 뽑아온 설계서 보고 그중에 하나 골라서 계약했다고 하셨죠?"

"응. 박꼼꼼 선배님이 소개해 줘서 그냥 설계사가 하라는 대로 했지 뭐. 그 선배 워낙 철저하잖아. 몇 개 뽑아 와서 설명 듣고 그중에 그냥 무난한 걸로 사인하고."

"그렇게 가입했으니까 당연히 이해가 안 될 수밖에 없죠."

"원래 그렇게 하는 거 아냐? 그럼 어떻게 해야 하는데? 다들 그렇게 하더구먼."

"음, 그게 쉬운 얘기는 아니에요. 여기서 제가 전부 설명하기에는 내용이 너무 길구요. 제 담당 설계사분이 있는데 소개해 드릴게요. 보험 과외받는다 생각하시고 상담 한 번 받아보세요."

"다 똑같은 거 아닌가? 어차피 보험 팔아먹으려고 하는 사람들인데 다른 게 있겠어? 자기 것이 좋다고 할 거 아니야. 설계사라면 난 별로다."

"그럼 혼자 공부하실 거예요?"

"그건 아니지만…."

또 상담받으라는 얘기에 그다지 마음이 내키진 않았지만, 그것 외에는 다른 방법이 없었고 김확실 씨가 워낙 자신 있게 말을 하니 한편으로는 약간의 기대감도 생겼다.

"일단 믿고 상담 한 번 받아 보시라니까요."

"그래. 알았어. 상담받아 볼게."

고문서처럼 보관돼 있는 보험증권. 이제는 먼지를 털고 한 번 점검할 때가 됐습니다. 아직 준비 안 하신 분이 있다면 얼른 들고 나오세요. 한참 찾아야 될 수도 있습니다. 하지만 꼭 찾아야 합니다. 없으면 콜센터에 전화하세요. 요즘은 메일로 바로 보내줍니다.

한 달에 십만 원이라고 무시하면 안 됩니다. 20년납으로 계산하면 전체 납입하는 보험료가 2,000만 원이 넘어갑니다. 여러분은 2,000만 원짜리 상품을 할부로 구입한 것뿐입니다. 가족 전체로 봤을 때는 1억이 넘어갈 수도 있습니다. 한 번쯤은 제대로 볼 필요가 있겠죠? 도대체 어떤 물건이길래 몇천만 원씩 하는지 함께 짚어보도록 합시다.

보험
덮어놓고
가입하면
거지꼴을
못면한다

2장 실제상황Ⅱ

실제(實際) [명사]: 사실의 경우나 형편
상황(狀況) [명사]: 일이 되어가는 과정이나 형편

0교시 선행학습

모르는 번호로 전화가 걸려 왔다. 저번과 같은 상황이라 이번엔 누군지 짐작할 수 있었다.

"여보세요."

"안녕하세요. 이대충 님."

"네, 안녕하세요."

예상대로 김확실 씨가 얘기한 보험설계사였다.

"김확실 님 소개로 전화 드렸습니다. 가입한 보험이 어떤 건지 잘 모르시겠다구요?"

"네, 가입은 되어 있는데 뭐가 뭔지 하나도 모르는 상태라서요."

"아, 네. 그러면 만나 뵙고 상담을 진행할 텐데 시간은 언제가 괜찮으세요?"

"보통 평일에는 점심시간 맞춰서 오시면 한 시간 정도는 시간을 낼 수 있어요."

"아, 그렇군요. 그런데 한 시간으론 많이 부족하구요. 시간이 넉넉할 때 뵙는 게 좋을 것 같습니다."

"한 시간으로 안 된다구요? 그렇게나 오래 걸리나요? 그럼 시간이 애매한데…."

"회사 마치고 보는 건 안 될까요?"

회사 마치고는 쉬고 싶기도 하고 책도 읽어야 하는데… 아, 보험이 뭔지. 그것 때문에 내 소중한 시간을 뺏겨야 한다니.

"네. 그럼 뭐 그때 봐야죠."

"그럼 마치시는 시간에 맞춰 회사 근처로 가겠습니다. 이따 뵙겠습니다."

이 사람 너무 과감하다. 자기한테 보험 가입한다는 것도 아닌데, 뭣 때문에 이렇게 열정적인 건지…. 암튼 그렇게 약속을 정하고 남은 회사 일을 다시 하기 시작했다. 약속 시간에 맞춰 퇴근하려면 시간이 빡빡했기에 정신없이 일에 빠졌다.

"안녕하세요, 이대충 님."

회사 앞 카페에서 김확실 씨가 소개해준 설계사를 만났다. 시간은 6시를 조금 넘어가고 있었다.

"처음 뵙겠습니다. '이경제'라고 합니다. 명함 먼저 드리겠습니다."

내가 스스로 디자인하는 보험
DIY MONEY

독특한 명함이었다. 보통 회사이름이 쓰여 있는데 회사는 없고 그냥 'DIY MONEY'라니… 유령업체 아닌가? 암튼 전문가라고 해서 중후한 아저씨일거라 생각했는데 생각보다 젊고 깔끔한 인상을 주는 사람이었다. 나쁜 사람 같지는 않았다.

"이름이 특이하시네요. 하시는 일과도 잘 맞는 것 같구요. 본명이세요?"

"네, 본명입니다. 부모님이 의도하고 지으신 건 아닌데 어떻게 잘 맞아 들어갔네요. 하하."

"그러게요. 이름이 절묘하시네요."

"감사합니다. 그럼 본론으로 들어가서요. 김확실 씨한테 대충은 들었는데 정확히 어떤 부분을 도와드리면 될까요?"

"제가 1년 전에 보험에 가입했는데 잘 가입을 한 건지 암만 봐도 잘 모르겠고 해서 좀 봐주셨으면 해서요."

"네, 알겠습니다. 상담하기 전에 제가 항상 질문하는 게 있는데요. 혹시 기존 보험에 가입하실 때 어떤 방식으로 하셨나요?"

김확실 씨도 그렇고 이 분도 그렇고 왜 다들 어떻게 가입했는지를 물어보는지 알 수가 없었다. 그게 뭐가 중요하길래.

"뭐 보통 사람들이 하는 것처럼 일단 설계사분이 몇 가지 설계안을 뽑아 오셨구요. 전 거기에 대해서 설명을 듣고 그중 제일 괜찮아 보이는 걸로 하나 골라서 가입했어요."

"아, 그랬군요. 대부분 그렇게 가입하시죠. 하지만 단도직입적으로 말씀드리면 그런 형태의 가입은 시작부터 잘못됐기 때문에 이해를 못 하실 수밖에 없습니다. 다시 설명을 들어도 이해를 잘 못하시겠죠?"

"네. 그런데 왜 그렇죠? 다들 이렇게 가입하던데…."

"이 부분에 대해서 제가 고객들에게 설명 할 때 자동차 구입과 비교해서 많이 설명 드리는데요. 지금 차를 한 대 꼭 사야 한다고 가정하면 꼭 타고 싶은 차가 있으신가요? 금액은 상관하지 마시구요."

어떻게 가입했는지 물어보다가 이번엔 갑자기 자동차 얘기다. 차를 좋아해서 자주 중고차 사이트를 뒤지곤 했지만 그게 무슨 상관이길래 물어보는지 의아했다.

"자동차요? 음… 금액을 상관 안 한다면 뭐 외제 차 타고 싶죠."

"네. 그럼 제가 질문을 조금 바꿔보겠습니다. 세부적인 모델은 나중에 얘기하기로 하구요. 혹시 어떤 종류의 자동차를 타고 싶으신가요? 승용차? SUV? 트럭? 승합차? 스포츠카?"

"저는 만약 차를 산다면 그냥 승용차를 살 것 같아요. 전 노멀한 게 좋아요."

"네, 그렇군요. 이대충 씨는 승용차를 사신다고 했는데 만약 승용차를 구매하기 위해서 자동차 판매장에 들어가면 겉모양을 보고 승용차를 구분할 수 있나요?"

그걸 모르는 사람이 있나? 이 설계사는 계속해서 희한한 질문만 한다.

"당연히 구분할 수 있죠."

"맞습니다. 우리는 손쉽게 승용차와 SUV, 트럭 등을 구분할 수 있습니다. 일반적으로 문이 네 개이고 가장 평범하게 생긴 게 승용차, 승용차보다 좀 높게 만들어진 게 SUV, 뒤에 짐 싣는 칸이 있으면 트럭, 뭐 이런 식으로요. 우리가 이렇게 잠깐 보기만 해도 그 용도를 구분할 수 있는 이유는 **자동차는 유형의 상품**이기 때문입니다. 형태가 있다는 뜻이죠.

그러면 보험은 어떤가요? 보험도 자동차처럼 종류가 여러 가지가 있고 종류별로 쓰이는 용도도 다 다릅니다. 하지만 자동차와 가장 큰 차이는 **보험상품은** 승용차든 SUV든 트럭이든 승합차든 전부 다 똑같이 생겼다는 겁니다. 정확히 얘기하면 형태가 없는 **무형의 상품**이라는 거죠. 우리가 볼 수 있는 건 흰 종이에 까만 글씨뿐입니다. 그렇다 보니 일반인이 구분하기가 쉽지 않죠. 더 큰 문제는 설계사들도 구분하기가 쉽지 않다는 겁니다.

그래서 설계사가 고객을 만나면 가장 먼저 해야 하는 일은 무작정 설계서를 뽑아 와서 설명하는 게 아니라 이건 승용차고 출퇴근 용도로 쓰는 거다, 이건 트럭이고 짐을 나를 때 쓰는 거다, 이건 SUV고 레저용으로 쓰는 거다, 이런 식으로 보험의 큰 틀을 설명해야 한다는 거죠. 우선은 어떤 게 있는지 알아야 고객도 뭘 가입해야 하는지 알 수 있으니까요. 무슨 말인지 좀 감이 잡히시나요?"

"무슨 말인지 조금은 이해가 되네요."

"이대충 씨가 보험에 가입한 형태는 자동차로 예를 들면 딜러가 이대충 씨가 원하는 자동차가 뭔지도 모르는 상태에서 임의로 자동차 몇 대 가져와서 어느 정도 설명하고 그중에 하나를 사라는 것과 똑같은 상황입니다. 이대충 씨뿐만 아니라 대부분 고객이 그렇게 보험에 가입합니다.

지금 상황을 좀 더 자세히 얘기하면 이렇습니다. 누군가가 자동차가 없어서 차를 한 대 사려고 합니다. 그래서 딜러 하는 친구에게 전화해서 얘기합니다. 나 자동차 한 대 사야 하니까 괜찮은 차로 몇 대 갖고 와봐. 그러면 그 딜러는 자기가 파는 차 중에 몇 대 골라서 자동차 카탈로그를 들고 가는 거죠. 그리고는 카탈로그를 펼쳐서 설명합니다. 1번 차는 문이 네 개에 휘발유를 쓰고 연비는 리터당 15km 정도 나와, 2번 차는 문이 두 개고 연비는 리터당 8km 정도 나오고. 3번 차는 어쩌고저쩌고….

이렇게 설명을 듣다 보면 고객은 다 비슷해 보이는 거죠. 그럼 그때 얘기합니다. 야 그냥 네가 보기에 젤 괜찮은 걸로 한 대 줘. 그러면 딜러는 그중에 가장 많이 팔리는 차로 친구한테 권유하고 팔게 됩니다.

자, 어떠신가요? 실제 자동차를 살 때 이런 식으로 사는 사람이 있을까요? 이대충 씨에게 친구가 이렇게 자동차를 판매한다면 구매하실 건가요?"

"아뇨. 절대 그렇게 구매할 일은 없을 것 같습니다. 아무리 친한 친구라고 해도요."

"그렇죠? 당연히 말이 안 되는 얘기입니다. 하지만 보험은 대부분 사람이 이렇게 가입하고 있는 게 현실입니다. 이대충 님도 첫 보험을 이렇게 가입하셨구요. 어떠신가요?"

"설계사님 얘기를 들어보니 뭔가 잘못된 것 같긴 하네요."

이제야 왜 자동차 얘기를 꺼낸 지 알 것 같았다. 난 지금 당장 사지도 않을, 아니 정확히 얘기하면 사지도 못할 외제 차를 심심하면 찾아보고 따져봤었다. 잡지도 가끔 사보고 중고차 사이트는 어플까지 받아서 검색해보곤 했었다.

"이대충 씨가 지금 가입하신 보험을 이해 못 하시는 것도 이것 때문입니다. 자동차를 사긴 샀는데 내가 과연 승용차를 샀는지, 트럭을 샀는지 도통 알 수가 없는 거죠. 아는 거라곤 연비가 얼마인지 문이 몇 개인지 정도인데 지금은 그게 중요한 게 아니니까요. 그건 가장 나중에 고려할 문제입니다. 순서가 잘못됐다는 겁니다.

먼저 어떤 종류의 차가 있는지 설명을 하고 대충 씨처럼 승용차를 선호한다면 그다음에 비로소 승용차가 잘 나온 회사를 권유해주는 거죠. 그러면 이대충 씨는 몇 개 회사 중에서 선호하는 회사를 고르면 되는 거구요. 그 후에 그 회사에 있는 승용차 중에 한 대를 고르고 옵션을 선택하고… 이런 식으로 가장 큰 범위에서부터 세부적인 범위로 점점 좁혀가는 겁니다. 그래야 내 상황에 꼭 맞는, 내가 원하는 차를 살 수 있다이겁니다."

0교시. 선행학습

글의 말미나 중간중간에 있는 표들은 제가 실제로 고객을 만나서 상담할 때 써가면서 설명하는 내용입니다. 설명이 이해하기 어려울 경우 이 표를 보면서 읽는다면 좀 더 도움이 될 겁니다. 지금 당장 내 보험이 승용차인지 SUV인지 알수는 없지만, 수업시간이 모두 끝나고 나면 대충 감이 잡힐 거로 생각합니다.

그럼 본격적으로 시작하도록 합시다.

1교시 개념원리

• 담보, 납입기간과 만기

"휴… 갑자기 새로운 얘기를 듣다 보니 정신이 없네요. 시작부터 너무 어려운 것 같아요. 저는 지금까지 보험은 그냥 다 똑같은 줄 알았거든요. 가입만 하면 되는 줄 알고."

"어려울 것 하나도 없습니다. 간단하게 생각해서 전체적인 내용을 먼저 이해하고 내가 어떤 걸 가입해야 하는지 감이 잡히면 그때 스스로 자기의 보험을 설계해서 가입하는 것, 이것이 제대로 된 가입절차라고 생각하시면 됩니다."

"오늘 상담도 이대충 씨 보험증권을 보고 이건 어떻다, 저건 어떻다 얘기하지 않고 그냥 새로 보험에 가입한다 생각하고 같이 설계를 해볼 겁니다. 그러면 증권 분석은 어렵지 않게 하실 수 있습니다."

설계라는 말에 깜짝 놀랐다.

"설계도 제가 직접 한다구요?"

"더 어려워지는 거 아닌가요?"

"아뇨, 전혀 그렇지 않습니다. 자신 보험이니까 자기가 설계하는 게 맞는 거죠. 설계사는 크게 벗어나지 않게 울타리만 쳐주는 겁니다. 그래야한 사람 한 사람 자기에게 꼭 맞는 설계를 할 수 있으니까요. 만약 설계사가 다 설계해준다면 그 설계사에게 상담받은 고객은 너나 할 거 없이 설계가 비슷할 거 아닌가요? 그래선 안 되죠."

"아, 네. 그런데 잘 이해가 되지는 않네요. 뭘 어떻게 해야 한다는 건지 아직 모르겠어요."

"네, 처음에는 무슨 얘기인지 이해가 안 될 거예요. 저랑 하나하나 얘기를 하면서 차근차근 진행해 볼게요."

"네 알겠습니다. 그러면 사람들이 보험에 가입할 때 제일 먼저 알아야하는 건 대체 어떤 건가요?"

"좋은 질문이네요. 위에 얘기했던 것처럼 가장 큰 범위에 있는 내용부터 얘기를 시작하면 됩니다. 보험시장에서 가장 큰 틀이라 함은 손해

보험과 생명보험으로 구성된 보험업계입니다. 이 두 보험업계에 대한 이해가 가장 우선이죠. 아 참, 이 얘기를 하기 전에 **간단하게 보험 용어와 개념부터 정리**하고 갈게요. 그래야 나중에 본격적으로 설명할 때 이해하기가 쉬울 거예요. 혹시 보험에서 **담보**가 뭘 뜻하는 건지 아시나요?"

"음… 글쎄요? 담보는 돈을 빌릴 때 맡기는 물건을 얘기하는 것 아닌가요?"

"네, 보통 그렇게 생각하시는데 그건 보험하고는 관계없는 얘기구요. 보험에서 담보라고 하는 것은 **보험을 구성하는 하나의 항목**을 얘기합니다. 예를 들어 사망보험금, 암 진단비, 질병 수술비 등등 이런 하나하나의 항목을 담보라고 얘기하구요. 보험은 통상 50~100가지의 담보 중에서 내가 필요한 담보를 선택해서 가입하는 거라고 보면 됩니다."

"그렇게나 많나요? 한 번씩 읽어보는 것만으로도 지치겠어요."

담보 명
골절 진단비
화상 진단비
암 진단비
상해사망
각막이식 수술비

"그럴 수도 있죠. 담보를 쉽게 이해를 하실 수 있도록 예를 들어보면 보험 가입은 마트에서 장 보는 것과 비슷합니다. 마트에 가면 먼저 카트를 끌고 다니면서 내가 필요한 물건을 고르기 시작합니다. 수많은 상품이 있죠? 음식재료도 있고, 생활용품도 있습니다. 마트의 여러 가지 물건들을 보험에서 담보라고 생각하시면 됩니다. 그중에 내가 필요한 물건을 카트에 골라 담고 계산대로 향합니다. 계산대에서는 물건 각각의 금액을 계산해서 총 지급해야 될 금액을 계산하고 물건을 가져옵니다.

보험도 마찬가지입니다. 내가 필요한 담보를 선택하고 금액, 기간을 설정합니다. 그러면 담보마다 각각의 금액이 산정되고 모든 금액이 합쳐져서 내가 납부해야 하는 보험료가 되는 거죠. 여기까지는 이해가 되나요?"

"네, 제가 필요한 걸 골라 담아서 계산한다는 것까지는 알 것 같아요. 그런데 저한테 필요한 담보가 뭐가 있는지, 또 그걸 얼마큼 가입해야 하는지, 전혀 감이 안 잡히네요."

"걱정 마세요. 하나씩 알려드릴게요. 담보는 보험을 구성하는 하나의 항목이란 것까지만 이해하시면 됩니다."

"네. 그건 기억할 수 있을 것 같아요."

담보란 무엇인가 ▶

"다음으로 아셔야 할 것은 **납입과 만기**에 대한 부분입니다. 보험을 설계할 때 가장 먼저 정하셔야 할 것이 납입기간과 만기입니다. **납입기간은 내가 보험료를 내는 기간, 만기는 보장이 끝나는 시점**을 얘기합니다. 그래서 우리가 흔히 알고 있는 만기 환급금은 보장이 끝나는 시점에 받는 돈입니다. 가끔 환급형 보험이 납입이 끝나면 돈을 받는 걸로 생각하시는 분들도 있는데 그게 아니라 보험의 효력이 끝나는 시기, 예를 들어 100세 만기 보험이면 100세에, 80세 만기 보험이면 80세에 돈을 받게 되는 겁니다."

"아 그래요? 저도 환급형 보험은 돈 내는 게 끝나면 타는 줄 알았어요."

"그렇게 생각하는 분들이 의외로 많더라구요. 환급에 대한 얘기는 제가 뒤쪽에 가서 자세히 설명해 드릴게요."

"만기는 각 담보별로 자신의 상황에 맞게 설계를 해야 합니다. 길게 하는 것과 짧게 하는 것 모두 장단점이 있기 때문에 각각의 담보 설명을 참고해서 만기를 결정하면 됩니다. 여기서는 일단 만기가 보장이 끝나는 시점을 의미하고 담보별로 만기를 조정할 수 있다는 정도까지만 이해하시면 됩니다."

상해사망
100세 만기 | 20년납
질병사망
60세 만기 | 20년납
암 진단비
80세 만기 | 20년납

"위의 표에 보시면 상해사망은 100세 만기, 질병사망은 60세 만기, 암 진단비는 80세 만기로 설정이 되어 있습니다. 이처럼 중요한 담보들은 만기를 각각 설정할 수 있기 때문에 필요에 따라 자기가 원하는 대로 구성하면 됩니다."

용어 설명을 들으니 왠지 공부하는 느낌이었다. 그냥 대충 하면 안 된다는 걸 느꼈으면서도 아직 지루하다는 생각밖에 들지 않았다. 그래도 이왕 듣기로 했으니 다시 한 번 마음을 다잡고 집중했다.

"그럼 뒤에 있는 게 납입기간인가요?"

"네, 잘 보셨어요. 20년납으로 되어 있죠? 문자 그대로 20년 동안 납입한다는 뜻입니다."

"근데 만기는 다양한데 납입기간은 똑같이 20년납이에요? 무조건 저렇게 설정돼 있는 건가요?"

"아뇨. 그렇지는 않습니다. 보통 5년납부터 전기납까지 다양하게 설정할 수 있는데 일반적으로는 10년~30년 사이로 설정합니다. 보험료 납입기간은 짧다고 해서 좋은 것도 아니고 길다고 해서 나쁜 것도 아닙니다. 하지만 우리가 보통 '나 보험료 얼마 내고 있어'라고 얘기할 때 기준은 **20년납**이라고 보시면 됩니다. 납입기간별 보험료 차이를 보면서 좀 더 자세히 얘기해보겠습니다.

제가 여기 오기 전에 임의로 설계해본 설계안입니다. 똑같은 내용을 만 35세 남자 기준으로 설계해보면 가장 기준이 되는 20년납 보험료가 142,000원입니다. 이 부분을 10년납 했을 경우 224,000원, 30년납 했을 경우 116,000원입니다. 기간별 총 납부하는 보험료는 10년납 26,880,000원, 20년납 34,080,000원, 30년납 41,760,000원입니다."

	월납입 보험료	합계 보험료
10년	224,000원	224,000원 × 120 = 26,880,000원
20년	142,000원	142,000원 × 240 = 34,080,000원
30년	116,000원	116,000원 × 360 = 41,760,000원

"보시기에 몇 년 납이 가장 좋은 것 같으세요?"

"음. 월보험료가 부담이 되긴 하지만 낼 수만 있다면 10년납이 제일 좋은 거 아닌가요? 전체 금액이 거의 천만 원 정도 적잖아요."

"네. 언뜻 보기에는 그렇게 보일 수도 있습니다. 하지만 실제로는 납입기간이 얼마든지 간에 납부하는 보험료는 **모두 똑같습니다.** 눈에 보이는 보험료는 차이가 있지만 시간 가치를 고려하면 다 똑같다는 거죠. 10년 동안 내는 돈의 가치가 30년 동안 내는 돈의 가치보다는 훨씬 높잖아요. 그러니까 그만큼 할인을 해주는 거죠. 오래 낸다고 많이 내는 것도, 짧게 낸다고 적게 내는 것도 아닙니다. 똑같은 보험료를 10년 할부하느냐, 30년 할부하느냐의 차이입니다. 그러면 어떤 것이 유리할까요?"

"글쎄요? 납입기간에 따른 보험료 차이가 없으니 결정하기가 더 어려운 것 같아요. 어떻게 결정해야 하나요?"

"이론적으로는 납입기간을 최대한 늘려 가입하는 것이 이익입니다. 보통 보장이 크고 비싼 담보(사망보험금, 암 진단비 등)의 경우 한 번 보험금을 지급 받으면 해당 보장은 사라지게 됩니다. 다시는 보험금을 타 먹을 수 없다는 얘기죠. 자연히 **해당 담보의 보험료도 면제**됩니다. 보험 상품마다 특정 질병에 걸리거나 후유장해를 입으면 앞으로 내야 할 **보험료 전체가 면제**되는 경우도 있구요. 어차피 내는 돈이 같다면 최대한 보험료를 적게 내고 보험금을 타면 이익이기 때문에 최대한 늘려서 가입하는 것이 가장 유리하다는 겁니다.

하지만 현실상 무작정 길게 갈 수도 없습니다. 60~70세가 돼서도 보험료를 납입해야 한다면 부담이 되기 때문에 돈을 벌 수 있는 나이도 충분히 고려해야 합니다. 결론은 은퇴나이를 고려해서 최대한 길게 설정하는 것이 가장 효율적인 선택이라는 겁니다."

"이해가 되시나요?"

"네, 이 부분은 기본적인 내용인 것 같아 그래도 좀 이해가 됩니다."

납입 기간, 만기 선택하기 ▶

* 기본용어정리
 ◦ 담보 : 보험을 구성하는 각각의 항목
   EX) 암진단비, 골절진단비, 화상진단비
 ◦ 납입기간 : 말그대로 보험료를 납부하는 기간
 ◦ 만기 : 보장이 끝나는 기간

지금부터는 준비하라고 했던 증권을 보면서 자신의 보험이 어떤 내용인지 하나하나 분석해보겠습니다.

가장 기본적인 납입기간과 만기입니다. 정말 간단한 건데도 고객들에게 "기존에 가입한 보험이 몇 년 납인가요? 보장은 언제까지인가요?"라고 질문하면 확실하게 대답하시는 분이 거의 없습니다. 아래 표를 보겠습니다.

● 피보험자 사항 (1/1)

피보험자	이경제(31세)	계약자와의 관계	기타
기존계약 보험기간	20년납 / 69년만기(100세만기)	직업급수	1급 / 보험설계사(당사)(42302)

기본계약보험기간을 보면 20년납 100세 만기로 되어 있습니다. 세부담보마다 만기는 다 다르지만 일단 기본계약이 100세 만기라는 것은 이 보험 자체가 100세까지 간다는 뜻입니다.

이건 보통 증권의 맨 위에 명시되어 있습니다.

담보명	가입금액(원)	보장내용	납기/만기	보험료(원)
(기본)상해후유장해	1,000,000	상해사고로 후유장해가 발생한 경우 ▶80%이상 후유장해시: 보험가입금액 지급 ▶80%미만 후유장해시: 보험가입금액×지급률 지급	20년/100세	37
상해사망	50,000,000	상해사고로 사망한 경우 보험가입금액 지급	20년/100세	4,050
갱)상해수술비	300,000	상해의 직접결과로서 수술을 받은 경우 보험가입금액 지급 ★ 3년 만기자동갱신특약담보		593
중증화상·부식진단비	10,000,000	상해의 직접결과로써 중증 화상 및 부식(화학약품 등에 피부 손상)으로 진단 확정시 보험가입금액 지급 (최고회한)	20년/80세	83
중대한특정상해수술비	3,000,000	상해사고로 뇌손상 또는 내장손상을 입고 상해발생이로부터 180일 이내에 그 치료를 직접적인 목적으로 입원하여, 개두수술, 개흉수술, 또는 개복수술을 받은 경우 보험가입 금액 지급	20년/80세	420
장력범죄(일상생활중)	3,000,000	일상생활중 살인, 상해와 폭행, 강간, 강도, 폭력 등의 강력범죄사고로 사망하거나 신체 피해가 발생하였을 경우 사고 1회당 보험가입금액 지급 ▶단, 살인, 상해와 폭행, 폭력 등은 1개월 초과하여 의사의 치료를 요하는 신체상해를 입은 때에만 보상함	20년/80세	129

세부담보들의 납입기간과 만기는 각 담보의 뒤쪽에 쓰여있습니다. 위의 표에

서 보면 위쪽 2개 담보는 20년납 100세 만기입니다. 20년 동안 옆에 쓰여있는 보험료를 납입하고 보장은 100세까지 받는다는 거죠. 아래 3개의 담보는 20년납 80세 만기입니다. 이것 역시 20년 동안 납입을 하고 보장은 80세까지 받는다는 겁니다. 각자의 증권에 대부분 세부담보마다 이렇게 납입과 만기가 명시되어 있습니다. 가장 기본적인 내용이니 꼭 확인하셔서 자신의 보험이 기본적으로 얼마 동안 납입하고 언제까지 보장받는지 알아두셔야 합니다.

제가 질문 한 번 해보겠습니다. 자신 있게 대답해주세요.

"고객님의 보험은 몇 년 납인가요? 보장은 언제까지인가요?"

• 갱신형 담보와 비갱신형 담보

"그럼 다음으로 처음에 말씀드린 담보에 대해서 좀 더 구체적으로 설명해 드리겠습니다. 혹시 **갱신형 담보와 비갱신형** 담보에 대해서 들어보셨나요?"

그래도 갱신, 비갱신은 TV 광고에서 많이 봤었기 때문에 나름대로 자신 있게 대답했다.

"네, 그건 저도 많이 들어봤죠. 전 갱신형은 싫어요. 보험료가 많이 올라가니까요. 비갱신형으로 가입하고 싶어요."

"많은 사람이 그렇게 얘기하죠. 하지만 무조건 좋고 나쁜 건 없습니다. 갱신이라는 건 보험료의 재계산을 의미합니다. 그때 시점에서 다시 가입하는 것과 똑같은 거죠.

그러므로 갱신형이 흔히 아는 것처럼 **무조건 인상되는 게 아닙니다.** 갱신 시점의 상황에 맞춰 다시 보험료를 책정하기 때문에 오를 수도 있고 내릴 수도 있는 겁니다."

이 사람은 항상 내 예상을 벗어나는 얘기를 한다. 이 부분은 그래도 주워들은 게 있어서 맞출 거로 생각했는데 또 내 생각과는 전혀 다른 방향의 얘기를 했다.

"처음 들어보는 얘기네요. 전 무조건 오르는 줄로만 알았어요. 그래서 갱신형 담보를 싫어했구요."

"좀 더 얘기해볼게요. 우리가 가입하는 보험의 담보들은 무조건 갱신형으로만 가입해야 하는 담보(ex. 실손의료비) 몇 가지를 제외하고는 모든 담보가 **갱신, 비갱신 선택이 가능**합니다. 그렇기 때문에 두 가지 담보의 특징을 정확하게 이해하시고 가입을 하셔야 하는데요.

먼저 비갱신형 담보를 보면, 비갱신형 담보는 한 번 정한 보험료가 변동되지 않는 담보입니다. 지정한 납입기간 동안 보험료를 납부하고 보험이 만기가 되는 시점까지 보장받습니다. 예를 들어 암 진단비를 20년납 100세 만기 비갱신형으로 가입했다면 20년 동안 매월 같은 보험료를 납부하고 100세까지 보장받을 수 있다는 얘기입니다.

　이와 달리 갱신형 담보는 가입 시 정해진 주기마다 보험료가 변동됩니다. 예를들어 암 진단비를 3년납 3년 만기 갱신형으로 가입했다면 최초 3년 동안은 처음 보험료로 납입하고 다음해 부터는 매 3년마다 변동되는 보험료로 보장받고 싶은 나이까지 납입하면 됩니다. 기본계약의 만기까지 갱신할 수 있는거구요."

"그럼 뭐가 좋은건가요?"

　"처음에도 말했지만 좋고 안 좋고는 없습니다. 하지만 갈수록 각종 질병의 발병률이 높아지기 때문에 진단비는 인상될 확률이 높고, 평균수명이 늘어나면서 정해진 기간 내에 사망할 확률은 줄어들기 때문에 사망보험금은 인하될 확률이 높습니다. 그래서 이론적으로는 사망담보는 갱신형으로, 생존담보는 비갱신형으로 하는 것이 가장 효율적입니다. 하지만 보험이라는 상품이 워낙 장기상품이고 미래라는 것이 예측하는 대로만 흘러가지는 않기 때문에 많은 분이 비갱신을 선호하는 겁니다."

　이제야 갱신과 비갱신에 대해서 조금 이해가 되기 시작했다. 갱신이란 말 자체가 쉽게 얘기하면 '새로 고침'이란 얘긴데 난 왜 무조건 오른다고 생각했을까? 이경제 씨의 말대로 재계산이 정확한 표현이었다.

"비갱신담보가 갱신담보보다 보험료가 훨씬 비싼 건 사실입니다. 하지만 무작정 70년 동안 갱신하면서 보험료를 낼 수는 없기 때문에 보험을 설계할 때는 우선 가입하고 싶은 담보와 보장 금액을 전부 비갱신으로 선택하고 그 보험료가 납입 가능한 범위면 그대로 진행, 너무 보험료가 비싸면 갱신형과 혼합하시면 됩니다."

◀ 갱신, 비갱신

"좀 이해가 되시나요?"

"네. 완전히는 아니지만, 어느 정도 이해가 가네요. 그냥 갱신형은 나쁘고 비갱신형은 좋다고 생각했는데 그게 아니었네요."

"네. 그렇습니다. 이제 보험에 대한 기본적인 용어나 개념은 어느 정도 설명이 끝났구요. 보험업계에 대한 얘기를 본격적으로 시작해보도록 하겠습니다."

chapter. 1

* 갱신형담보와 비갱신형 담보

○ 갱신형은 실정주기마다 보험료 변동
무조건 오르진 않음.
만기까지 계속납입. 초기보험료 저렴.

○ 비갱신형은 보험료변동 없음. 초기보험료 비쌈
설정기간동안 납입. 만기까지 보장

Chapter. 2

* 갱신형 담보의 보험료 결정요인

담보 \ 요인	의료수가	나이	위험률	
사망담보	↑	↑	↓	→ 보험료인하 가능성있음
생존담보	↑	↑	↑	→ 대부분인상

여기서는 내 보험이 갱신형인지 비갱신형인지, 아니면 두 가지가 혼합되어 있는지 확인해보도록 하겠습니다.

담보	가입금액	납입/만기	보험료
암진단비	10,000,000원	20년/100세	10,080원
암진단비	10,000,000원	20년/80세	8,180원
갱)암진단비(100세만기)	10,000,000원	3년/3년갱신 (최대100세만기)	225원
갱)암진단비(80세만기)	10,000,000원	3년/3년갱신 (최대80세만기)	225원

갱신인지 비갱신인지도 담보 설명 옆의 납입기간/만기를 보면 쉽게 구분할 수 있습니다. 위의 암 진단비 두 개는 20년/100세, 20년/80세로 되어 있습니다. 보험료는 각각 10,080원과 8,180원입니다. 20년 동안 10,080원, 8,180원을 고정으로 납입하고 100세, 80세까지 보장받는다는 뜻입니다. 비갱신이라는 거죠.

아래의 두 개가 갱신형입니다. 3년/3년 갱신(최대 100세 만기) 혹은 3년납/3년 만기(최대 100세 만기)라고 표기되어 있습니다. 3년 동안 225원을 납입하고 3년 동안만 보장받는다는 뜻이 아니라 3년 뒤에 보험료가 재계산된다는 뜻입니다. 가입 후 3년 동안은 225원을 내겠지만 3년 후에는 500원을 낼 수도 있고 100원을 낼 수도 있는 겁니다. 보험료는 '최대 100세 만기'는 100세까지 납입하는 거고, '최대 80세 만기'는 80세까지 납입하는 겁니다. 이렇게 생긴 담보가 갱신형입니다. 구분하기 어렵지 않죠?

2교시 업계 선택

● 생명보험사? 손해보험사?

삼십 분 정도 폭풍 같은 설명이 설계사의 입에서 쏟아져 나왔다. 오프
닝이 삼십 분이라니, 끝나려면 훨씬 긴 시간이 이젠 마냥 지루하지만은
않았다. 오히려 처음 들어본 얘기들로 인해 재미있다는 생각마저 들었
다. 만나기 전에는 만나고 싶지 않고 그냥 대충 끝내고 싶었는데 설명을
들으면 들을수록 흥미가 생기기 시작했다. 그래도 업무 후에 만나는 거
라 피곤함은 어쩔 수 없었다. 아메리카노를 한 모금 들이키고 다시 설명
을 듣기 시작했다.

"이제 시작이라구요? 벌써 삼십 분이 지났는데 아직 본론도 못 들어
갔다니, 예전 같았으면 벌써 가입하고 집에 갈 시간이네요. 허허."

"그렇죠. 하지만 보험이라는 상품이 굉장히 비싼 상품이고 자산관리
측면에서도 매우 중요한 기능을 하기 때문에 삼십 분만에 결정 나는 게
더 이상한 거죠."

"우리나라에 보험회사가 대략 몇 개 정도 되는지 아시나요?"

"잘은 모르지만, 광고는 엄청나게 많이 하는 것 같던데."

"그렇죠. 요즘 TV 채널 돌리다 보면 보험광고가 안 나오는 시간대가 거의 없죠. 그만큼 보험회사도 많고 상품도 많아요. 회사는 **손해보험사, 생명보험사** 합해서 대략 30개~40개 정도구요. 회사마다 상품이 수십 가지니 우리나라에서 판매하고 있는 보험 상품은 사람을 대상으로 하는 보험만 해도 몇백 가지는 될 거예요. 그래서 상품으로 설명하기 시작하면 한도 끝도 없는 거죠. 하지만 업계별로 분류해보면 딱 두 가지, 생명보험사와 손해보험사밖에 없습니다. 처음은 이 두 보험업계의 이해부터 시작하는 겁니다. 혹시 차이를 아시나요?"

휴일에 가끔 집에서 TV를 보면서 보험이 많기는 많구나, 생각했었지만 눈여겨본 적은 한 번도 없었다. 홈쇼핑에서 보험이 나오면 얼른 돌리기 바빴다.

"차이라… 다 똑같은지 알았는데 당연히 구분을 못 하죠."

"구분하는 방법은 아주 쉽습니다. **보험회사 이름 뒤에 ○○생명이라고 붙으면 전부 생명보험사, 그 외는 모두 손해보험사**라고 생각하면 됩니다."

"간단한 거였군요. 워낙 관심이 없다 보니…"

"생명보험사와 손해보험사는 담보의 구성에는 별 차이가 없습니다. 생명보험사에 있는 중요한 담보는 대부분 손해보험사에도 다 있고 반대로 손해보험사에 있는 중요한 담보도 생명보험사에 거의 다 있습니다. 그래서 담보의 종류로만 볼 때는 별반 차이가 없다고 보면 됩니다."

"그러면 둘 다 비슷한 거 아닌가요? 어차피 있을 담보는 다 있겠다, 아무 쪽에나 가입해도 상관없는 것처럼 보이는데요."

"겉으로 보기에는 그렇죠. 하지만 두 업계의 주력담보가 서로 다릅니다. 이름에서도 볼 수 있듯이 생명보험사는 생명을 담보로 하는 사망담보에 중점을 두고 있고, 손해보험사는 생존담보에 중점을 두고 있습니다. 그렇다 보니 사망담보는 생명보험사가 보장범위가 더 넓고, 생존담보는 손해보험사가 보장범위가 더 넓습니다."

"좀 더 자세히 설명해주세요. 생존담보야 그렇다 치더라도 사망담보야 그냥 죽으면 나오는 거니까 똑같은 거 아닌가요?"

"그렇게 생각하실 수도 있겠네요. 그럼 어떻게 다른지 사망보장의 차이부터 알려드리도록 하겠습니다. 원래 약관을 찾아서 비교해보면 가장 정확하지만, 책을 펴기 시작하면 더 머리가 아프니 그런 건 제쳐두고 그냥 이것만 기억하시면 됩니다. 생명보험사는 무슨 이유든 상관없이 사망하기만 하면 준다, 손해보험사는 아파서 사망하거나(질병사망) 다쳐서 사망하면(상해사망) 준다. 쉽죠? 그럼 한 가지 질문. 아파서 사망하는 것과 다쳐서 사망하는 것 외에 또 어떤 종류의 사망이 있을까요? 계속 사망 얘기 하니까 느낌이 좀 그러네요. 하하."

"음, 선뜻 떠오르지 않네요. 자연사?"

"자연사는 보통 심근경색 진단을 받기 때문에 아파서 사망하는 걸로 간주합니다."

"그런가요? 그 외에는 지금 생각나는 게 없어요."

"네, 제가 알려드리겠습니다. 지금부터 말씀드리는 부분이 약관에 명시되어 있는 부분인데요, 손해보험사의 약관에 보면 **자살, 출산, 전쟁, 혁명, 내란, 폭동, 위험한 취미생활** 등으로 보험금 지급 사유가 발생했을 때는 보험금을 지급하지 않는다고 나와 있습니다. 위의 내용은 아파서 사망하거나 다쳐서 사망하는 것과 조금은 느낌이 다르죠? 그렇기 때문에 손해보험사에서는 사망보험금을 받을 수 없지만 생명보험사는 사망보험금을 받을 수 있습니다. 단, 자살의 경우는 가입 후 2년이 지나야 사망보험금을 받을 수 있습니다."

"그리고 또 하나, 생명보험사는 원하면 사망보험금의 보장기간을 종신으로 가입할 수 있지만, 손해보험의 경우 현재 출시된 상품 기준으로 상해사망은 110세, 질병사망은 80세까지만 보장됩니다. 손해보험 상품에 사망보험금을 가입하고 암이 원인이 되어 90세 정도에 사망했다면 사망보험금은 받을 수 없다는 얘기입니다. 사망담보의 경우 생명보험사가 사망보장의 범위나 기간에서 손해보험사보다 더 폭넓다는 걸 아시겠죠?"

"네, 이건 명확하게 알 것 같네요. 그럼 생존담보는 어떤 차이가 있나요?"

"생존담보는 종류가 워낙 많아서 일일이 다 말씀드릴 수 없지만 몇 가지 예를 들면 뇌 질환 진단비의 경우 생명보험사는 대부분 뇌경색은 보장해주지 않습니다. 암의 경우에도 많은 생명보험사가 유방암, 생식기암, 대장점막내암은 소액암으로 분류해서 가입금액의 10% 또는 20%만 지급합니다. 그리고 사망담보는 갱신형이나 비갱신형을 선택할 수 있지만, 생존담보는 대부분 갱신형이어서 차후에 오를 확률이 높은 생존담보를 비갱신으로 가입할 수가 없습니다. 선택의 여지가 없다는 거죠."

어렴풋하게나마 감이 잡히고 있었다.

"아 네, 이제 생명보험사와 손해보험사가 조금 구분이 되네요. 어쨌든 사망담보는 생명보험사가 보장범위가 더 넓고, 생존담보는 손해보험사가 보장범위가 더 넓다, 이렇게 생각하면 된다는 거죠?"

"네. 맞습니다. 그래서 보험업계를 선택하실 때는 사망보험금의 보장범위를 고려하셔서 결정하시면 됩니다. 자살이나 전쟁, 테러 같은 상황에서도 보장을 받겠다는 생각이 있으면 사망담보는 생명보험사의 정기보험이나 종신보험으로, 생존담보들은 손해보험사의 통합보험으로 가입하면 되구요. 굳이 나는 그런 상황은 보장받을 필요가 없다고 생각하면 그냥 손해보험사의 통합보험으로 사망담보와 생존담보를 전부 가입하면 됩니다."

"이대충 씨는 어떤 쪽이 더 마음에 드시나요?"

"음… 정확히는 좀 더 생각해봐야겠지만 지금 언뜻 드는 생각으로는 생명보험사와 손해보험사에 골고루 가입하는 게 좋겠다는 생각이 드네요. 남자다 보니 나중에 가족을 책임져야 하잖아요. 그러니까 전쟁이나 테러 같은, 확률이 적은 상황에서도 보장을 받아야 한다고 생각하거든요. 그래서 사망담보는 생명보험사에 가입하고 생존담보는 손해보험사에 가입하면 좋을 것 같아요."

"네, 그것도 맞는 말입니다. 어느 정도 이해를 하신 것 같으니 다음 단계로 넘어가 보도록 하겠습니다."

◀ 회사 선택

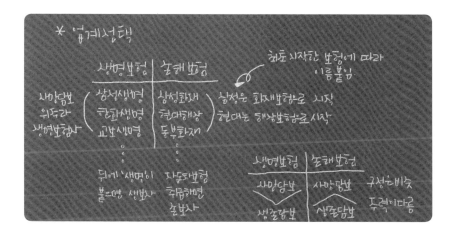

생명보험사? 손해보험사?- 증권분석

이번 단계는 매우 간단합니다. 증권의 아래쪽이나 모서리 쪽을 찾아보면 보험 회사 이름이 쓰여 있습니다. ○○생명이면 생명보험사, 그 외에는 손해보험사입 니다. 내가 가입한 보험이 어떤 업계의 상품인지만 봐도 내 성향과 맞게 가입했 는지를 일차적으로 알아볼 수 있습니다.

보험에 가입하는 주된 목적이 사망 후의 보장이면 생명보험사, 살아있을 때 의 보장이라면 손해보험사. 어렵지 않죠? 내 성향에 맞게 잘 가입했는지 보험 회사의 이름을 보면서 판단해보세요.

생명보험사 = 사망보장
손해보험사 = 생존보장

3교시 담보 선택

• 사망보험금

"이대충 님께서 보험업계를 선택했다면 이제는 보험 상품 안에 어떤 담보가 있는지 그리고 그중에 어떤 담보가 중요한지 파악하는 게 필요하겠죠?"

"그래서 질문 한 가지 드리도록 하겠습니다. 제가 서두에 자신이 필요한 담보를 선택해서 가입하는 것이 보험이라고 말씀드렸습니다. 그럼 이대충 님에게 필요한 담보는 뭐가 있을까요?"

"글쎄요… 깊이 생각해본 적은 없지만, 사람들 얘기를 들어보면 실비보험이나 암보험이 필요하지 않을까 싶은데요."

"네 맞습니다. TV 광고에도 보면 가장 많이 광고하는 게 암보험이나 실비보험입니다. 하지만 그것 외에도 몇 가지 필요한 담보가 더 있는데요.

그 두 가지를 포함에서 **사망보험금, 암 진단비, 뇌 질환 진단비, 심장질환 진단비, 실손의료비**, 그리고 추가적인 몇몇 진단비와 수술비 담보 등입니다. 항목 수로 따지면 사람마다 다르겠지만 약 30~50가지 정도입니다."

메인담보 선택하기 ▶

"사망이나, 암, 실비 정도는 알겠는데 나머지도 꼭 가입해야 하는 건가요? 그리고 몇몇 진단비와 수술비 담보는 어떤 걸 얘기하나요?"

"일단 천천히 하나씩 알려드릴게요.
먼저 사망보험금입니다. 이대충 님, 사망보험금이 필요하다고 생각하세요?"

"네, 가족들을 위해서는 있어야겠죠?"

"그럼 사망보험금의 기능은 뭘까요?"

"글쎄요… 제가 사망을 하게 되면 수입이 없어지니까 그걸 대체해주는 것?"

"네, 맞습니다. 사망 시 남은 가족을 위한 보험금이 사망보험금이죠. 근데 이 사망보장 컨설팅을 할 때 굉장히 중요한 한 가지가 있는데 바로 **보장기간 설정**입니다."

"보장기간이요?"

"네, 보장기간. 보통 사망보험금의 필요성에 대해서는 광고에서나 설계사들이 많이 강조하지만, 기간에 대해서는 크게 강조를 하지 않습니다. 사망보험금은 꼭 보장기간을 두 구간으로 나눠서 생각하셔야 합니다. 두 구간을 나누는 기준은 자녀의 독립 혹은 본인의 은퇴 시점이구요, **자녀의 독립이나 은퇴 이전의 사망보험금을 조기 사망대비 사망보험금, 그 후의 사망보험금을 상속준비금**이라고 생각하시면 됩니다. 달리 얘기하면 내가 사망을 했을 때 가정에 경제적으로 문제가 생긴다면 조기 사망 구간이라고 생각하시면 되고, 경제적으로 큰 문제가 생기지 않는다면 상속구간이라고 생각을 하시면 됩니다."

"그렇군요. 그런데 조기 사망 구간과 상속준비 기간을 나눠서 생각하는 이유가 있나요?"

"질문 잘하셨습니다. 조기 사망 구간과 조기 사망 이후의 구간을 나누는 이유는 사망보험금의 기능이 다르기 때문입니다. 그것에 따른 보험료 차이도 크구요. 좀 생뚱맞을 수도 있지만 여기서 **보험의 기능**을 한 번 짚어보고 넘어가겠습니다. 보험은 재무설계의 한 부분입니다. 재무설계라는 것이 흔히 생각하기에는 돈을 불리는 것으로만 생각하기 쉬운데 보험 역시 재무설계에 포함되어 있고 중요한 기능을 하고 있습니다. 보험은 재무설계 측면에서 어떤 역할을 할까요?"

"재무설계 측면에서요? 저는 그냥 보험은 아프면 큰돈 나가니까 그거 때문에 가입하는 거라고만 생각하고 있어서 이론적으로는 잘 모르겠네요."

"잘 모른다고 하셨는데 사실은 정확히 알고 계신 겁니다. 좀 전에 말씀하신 내용을 정리해서 얘기해보면 보험은 '우리의 자산을 항상 제로로 유지해 주는 역할을 하는 금융상품'이라고 정의할 수 있습니다. 우리가 내는 보험료는 그 역할을 대가로 지불하는 비용이구요. 쉽게 얘기해서 **우리 돈을 지켜주는 경비원**이라고 생각하시면 됩니다. 우리는 경비비를 지불하는 거구요."

'음... 우리돈을 지켜주는 경비원이다...'

"그렇게 얘기하시니까 좀 이해가 되네요."

"네. 그럼 이 이론적 내용을 토대로 다시 사망보험금에 관해서 얘기해 보도록 하겠습니다.

만약 자녀가 독립하기 이전, 개인적으로는 은퇴 이전 열심히 직장생활을 하는 중에 사망한다면 이대충 님 가정의 자산은 어떻게 될까요?"

"들어가야 할 데는 많은데 제가 돈을 벌어다 주지 못하니까 마이너스가 되지 않을까요?"

"네, 맞습니다. 사망은 평생 벌어들일 수입이 끊기는 것을 의미합니다. 그렇다 보니 자녀가 독립하기 전, 조기에 사망하게 되면 **심각한 마이너스 상황**이 오는 거죠. 그때 사망보험금이 그 마이너스를 제로까지 끌어올려 주는 역할을 하는 겁니다. 사망보험금으로 나오는 돈을 다 소비한다는 얘기죠.

　그러면 자녀가 독립한 후, 혹은 직장을 은퇴하고 연금을 수령하면서 생활하고 있을 때(보통 두 시기는 거의 비슷하게 찾아옴)는 사망을 하게 되면 가정의 자산은 어떻게 될까요?"

　"음… 그때는 자녀한테 나가는 돈도 없고 제가 버는 것도 없으니까 특별히 변화가 없을 것 같은데요?"

　"네, 정확하게 보셨습니다. 슬픈 얘기지만 금전적으로만 생각했을 때는 입이 하나 줄었기 때문에 오히려 자산이 늘어날 수도 있는 상황입니다. 그때 만약 사망보험금이 나온다면 그건 제로의 역할을 하는 게 아니라 가정의 자산을 플러스시켜 주는 역할을 하는 거죠. 그래서 실제로 자녀독립 후의 사망보험금은 이론적으로는 보험의 원래 목적과는 맞지 않는다고 볼 수 있습니다.

　상품으로 분류 해보면 조기 사망만 보장해주는 상품이 정기보험, 조기 사망과 상속 둘 다를 보장해주는 상품이 종신보험이라고 알고 계시면 됩니다."

"자, 그럼 이대충 님은 사망보험금을 어떻게 준비해야겠단 생각이 드시나요?"

애초에 생각해본 적이 없었던 부분이었기 때문에 답변하기가 어려웠다.

"글쎄요. 한 번도 생각해본 적이 없어서요. 단순하게 내가 사망을 했을 때 가족을 위해서 어느 정도 준비해야 하지 않을까, 정도만 생각했었거든요."

"그럼 제가 설명한 내용을 토대로 지금 한번 생각을 해볼게요. 쉽게 생각하시면 됩니다.

조기 사망 구간만 준비를 하실 건가요? 아니면 조기 사망과 상속 둘 다 준비를 하실 건가요?"

"여유가 된다면 물론 둘 다 준비하고 싶지만, 보험으로는 최소한의 준비만 해야 하지 않을까 싶네요."

"네, 그렇죠. 일단은 그럼 조기 사망 구간에 대해서 좀 더 세부적으로 들어가 볼게요. 설계가 마무리되고 금전적으로 여유가 된다면 조기 사망 이후의 얘기도 해보겠습니다.

이대충 님이 사망했을 때 경제적으로 아무런 문제가 생기지 않는 나이가 언제일까요?"

"음… 잘 생각을 해 보지 않아서요. 어떻게 정해야 하나요?"

"정리를 한번 해볼게요. 이대충 님 지금 나이가 30세입니다. 아직 미혼이신데 결혼은 언제쯤 하실 생각인가요?"

"글쎄요, 정확히는 모르겠지만 그래도 35세 이전에는 하지 않을까요?"

"네, 그럼 35세 이전에 결혼한다고 가정을 하구요, 자녀는 몇 명 정도 생각하고 계신가요?"

"그것도 벌써 결정하긴 좀 어려운데… 두 명 정도요?"

"변수가 있긴 하겠지만, 일단은 35세 이전에 결혼을 하고 자녀는 2명 정도 가진다는 가정하에 얘기를 진행해 보도록 하겠습니다.

이대충 님은 아이들에게 경제적인 지원을 언제까지 해주실 생각이신 가요? 고등학교만 졸업하면 끝이라든가, 그래도 대학까지는 졸업시켜줘야 한다든가… 생각해 보신 적 있으세요?"

"네. 적어도 대학 졸업까지는 부모가 지원을 해줘야 한다고 생각합니다."

문득 보험 상담받으면서 별 얘기를 다 한다는 생각이 들었다. 나이 30에 벌써 결혼에, 자녀에, 자녀독립까지. 얘기하다 보니 뜻하지 않게 내 미래를 술술 얘기하고 있었다. 보험을 왜 **'인생을 설계하는 상품'**이라고 하는지 조금은 알 것 같았다.

"그러면 대략 35세에 막내가 태어나서 대학까지 졸업하려면 25년 정도가 걸리겠네요. 이대충 님 나이로는 60세 정도가 되면 아이가 대학을 졸업할 거고 그 후에는 경제적으로 지원을 해주지 않아도 자녀들의 생활에 큰 지장이 없겠죠?"

"네. 그렇죠."

"그렇게 되면 이대충 님의 조기 사망에 대비한 사망보험금 만기는 60세가 되는 겁니다. 동의하시나요?"

"네, 그 정도까지면 될 것 같네요."

"그럼 사망 시 가족을 위해 남겨주는 금액은 어느 정도가 좋을까요?"

"많으면 좋겠지만, 사망보험금에 대해서는 진지하게 생각해본 적이 없어서 아예 감이 잡히지 않네요. 얼마를 해야 적당한 건가요?"

"이론적으로는 창업비용 정도나 연봉의 3년 치 정도를 준비해야 한다고 합니다. 하지만 적당한 금액이란 건 개인마다 차이가 있으니 직접 설계를 해 보면서 금액을 보고 결정을 하셔야 합니다. 그러면 지금까지 얘기한 내용을 토대로 실제 설계를 해보겠습니다."

그러면서 이경제 씨는 노트북을 켜고 보험을 설계할 수 있는 프로그램을 화면에 띄웠다.

프로그램 로딩중 ...

"아, 지금 설계를 해보는 건가요? 신기하네요. 저는 보험이 이렇게 직접 설계를 할 수 있는 건지 몰랐어요. 지난번에는 설계서를 뽑아 와서 그냥 가입만 했거든요."

"네, 당연히 자신의 보험은 자기가 설계를 직접 해보고 결정을 하셔야 합니다. 이게 설계사들이 쓰는 프로그램인데요. 사망을 보장해주는 정기보험은 아까 저에게 말씀해주신 대로 모든 사망에 대해 보장을 받을 수 있는 생명보험사의 상품으로 설계해보겠습니다."

"네, 알겠습니다."

가입상품	가입금액	보험기간	납입기간	보험료
정기보험	10,000 만원	60세 만기	20년 납	31,000 원

"화면에 보시는 바와 같이 회사마다 조금씩 차이는 있겠지만 대략 1억에 3만 원(20년납) 정도의 보험료가 나온다고 생각하면 될 것 같네요. 비갱신이구요."

"그렇군요. 근데 이것만 보고는 얼마를 하는 게 맞는지 모르겠네요. 1억 정도면 되지 않나요?"

"일반적으로 창업비용을 고려한다면 1억 5천 정도는 있어야 한다고 얘기합니다. 하지만 지금 나이가 30세이고 시간이 갈수록 돈의 가치는

떨어지기 때문에 제 개인적인 생각으로는 최소 1억, 가능하면 2~3억 정도는 가입해야 한다고 생각합니다. 우선은 이 정도만 기억하시고 다음 담보로 넘어가 보도록 하겠습니다."

"네 그렇게 하죠."

사망담보 설계하기 ▶

사망보험금- 증권분석

잘 따라오고 계신가요? 이대충 씨에게 설명한 사망보험금의 목적을 다시 한 번 떠올려봅시다. 여러분은 조기 사망 대비 사망보험금만 필요하다고 생각하나요? 상속준비금까지 필요하다고 생각하나요? 여러분의 나이와 막내의 독립시기를 계산해본 다음, 가입한 보험의 사망보험금 만기를 확인해보면 됩니다.

가입상품	가입금액	보험기간	납입기간	보험료
정기보험	10,000원	60세만기	20년납	31,000원

가입한 보험의 증권에 이렇게 표기되어 있으면 생명보험사의 정기보험에 가입한 겁니다. 60세 만기로 설정되어 있으니까 60세 이전에 사망하면 1억이 나오고 그 이후에 사망하면 사망보험금이 나오지 않습니다.

담보	가입금액	보험기간	납입기간	보험료
상해사망	10,000원	70세만기	20년납	6,700원
질병사망	10,000원	70세만기	20년납	36,400원

상해사망과 질병사망이 따로 보험 안에 들어가 있으면 손해보험사의 통합보험 안에 있는 사망보험금을 가입한 겁니다. 여기서 한 가지 짚고 지나가야 할 것은 상해사망과 질병사망에 대한 정리입니다.

사망할 확률 = 상해사망(15%) + 질병사망(85%)

보험료 차이(약 6배)에서도 볼 수 있듯이 질병으로 사망할 확률이 월등히 높습니다. 그러므로 손해보험에 사망보험금을 가입했다면 질병사망 기준으로 사망보험금을 얘기해야 합니다. 상해사망을 5억 가입했다고 '나는 죽으면 5억 나와'라고 얘기하는 건 틀린 말이라는 거죠.

다음은 종신보험입니다. 증권은 보통 이렇게 생겼습니다.

상품종류	(무) 종신보험	납입방법		월납	
가입금액	10,000만원	보험기간/납입기간	종신	20년납	

가입상품	가입금액		보험기간	납입기간	보험료
주보험	주보험	10,000만원	종신	20년	142,000원

보험기간이 종신이죠? 위의 정기보험과 비교해보면 대략 10만 원 정도의 보험료 차이가 납니다. 엄청나게 많은 차이가 나기 때문에 사망보험금의 만기를 설정하는 것이 중요하다는 겁니다.

여러분의 보험은 종신보험인가요? 정기보험인가요?

조기사망 = 정기보험, 조기사망 + 상속 = 종신보험입니다.

• 실손의료비

실제 설계를 같이 해보니 진짜 신기했다. 명함에 있는 '내가 스스로 설계하는 보험'이 뭔지 이제 좀 알 것 같았다.

"다음은 실손의료비입니다."

" 실손의료비가 원지 아시나요? "

'이 설계사, 진짜 질문 많이 한다. 내가 알면 당신한테 이런 설명 듣고 있겠냐고.'

"실비 얘기는 많이 들어봤지만, 정확히 어떤 건지는 모르겠네요."

"네. 그럼 제가 실비는 어떻게 보상해주는 건지 자세히 설명하겠습니다. 실비는 실손의료비를 줄여서 얘기하는 건데요. **상해나 질병으로 입원 혹은 통원했을 때 보상**해주는 담보입니다.

먼저 **입원**의 경우 한 가지 질병 혹은 상해 당 **1년에 5천만 원 한도**로 보상해줍니다. 2009년 이전에는 입원 시 나온 병원비를 전부를 보상해주는 회사도 있었지만, 지금은 가입한 실비 상품의 유형에 따라 **선택형**은 **급여90%**, **비급여80%**, **표준형**은 **급여80%**, **비급여80%**에 해당하는 금액을 지급합니다. 예를 들어 병원비가 1,000만 원(급여500만, 비급여500만) 나왔다면 선택형은 급여 500만 원의 90%인 450만 원과 비급여 500만 원의 80%인 400만원을 합해서 850만 원, 표준형은 급여, 비급여 구분 없이 1,000만원의 80%인 800만 원을 보상받습니다. (급여, 비급여는 진료비 영수증을 보면 구분되어 있습니다.)

여기서 간단한 산수문제 한 번 내볼게요. 실손의료비를 **선택형**으로 가입한 고객이 병원비가 3,000만 원(급여100%) 나왔다면 보험회사는 고객에게 얼마를 지불할까요?"

"음. 3,000만 원의 90%니까 2,700만 원을 주겠네요."

"병원비가 5,000만 원(급여 100%)이면요?"

"4,500만 원이죠."

"만약 실손의료비를 표준형으로 가입한 고객이 병원비가 5,000만 원(급여100%)이 나왔다면요?"

거참 단순한 걸 왜 자꾸 물어보는지 모르겠다.

"당연히 4,000만 원 주겠죠."

"네. 맞습니다. 원칙대로라면 그렇게 지급돼야 하죠. 이대충 씨가 만약 표준형으로 가입했는데 병원비가 5,000만 원 나와서 보험금으로 4,000만 원을 받았다면 어떤가요? 만족하시나요?"

"음… 생각해보니 병원비가 5,000만 원이 나오면 제가 1,000만 원을 내야 하네요. 그렇게 되면 보험이 좀 의미가 없어지는 거 아닌가요?"

"대충 씨 말이 맞습니다. 실비라는 것이 단순하게 병원비를 보상해 주는 역할을 하지만 큰 틀에서 볼 때는 내 자산을 유지해 주는 역할을 하는 건데 1,000만 원을 내야 한다면 과연 이 보험이 내 자산을 유지해 준다고 할 수 있을까요? 누구든지 저 정도 금액이면 부담이 될 거라 생각합니다. 들고 있던 적금을 깨거나 대출을 받아야 할 수도 있구요."

"그럴 수 있겠네요. 병원비로 1,000만 원이라니 상상만해도 끔찍합니다."

"하지만 너무 걱정하지 마세요. 그렇게 고객에게 많이 부담을 시키면 보험이 아니겠죠? 설계사들이 고객한테 실손의료비를 팔기도 힘들구요. 그래서 보험회사에서는 **자기 부담금의 최대한도를 연 200만 원**으로 정해놨습니다. 아무리 많이 나와도 200만 원만 내면 된다는 얘기입니다. 그래서 병원비가 5,000만 원 나오면 4,000만 원이 아니라 4,800만 원을 지급하는 겁니다. 다행이죠?"

"아, 그런가요? 놀랐어요. 보험에 가입하고도 1,000만 원을 내야 하는 줄 알고. 200만 원만 내도 되면 아주 좋은 거네요. 그럼 만약에 병원비가 5,000만 원이 넘어가면 어떻게 되는 건가요? 그다음부터는 제가 내야 하나요?"

"그렇지 않습니다. **5,000만 원은 1년 기준(가입 시점 기준)**입니다. 만약 1년에 5,000만 원을 다 쓰게 되면 90일 이후 다시 5,000만 원이 부활됩니다. 거의 무한대로 쓸 수 있는 거죠."

"그렇군요. 그럼 실비만 있으면 웬만한 병원비는 거의 다 처리되겠네요."

"네, 맞습니다. 그래서 실비가 중요한 겁니다. 실손의료비 중 입원에 대한 얘기는 이 정도로 하구요. 다음으로 통원 시에는 어떻게 보상되는지 살펴보겠습니다. 통원은 외래의료비와 약제비로 나뉩니다. 쉽게 얘기해서 통원비와 약값입니다. **통원비**는 선택형 기준으로 **1일 최대 25만 원** 한도이고 자기 부담금은 병원 급수에 따라서 1만, 1만5천, 2만 원 과 보상대상 의료비의 급여10%, 비급여 20%에 해당하는 금액의 합산액 중 큰 금액을 뺀 금액을 가입한도 내에서 보상해줍니다. 병원 급수는 원래는 복잡하지만 쉽게 의원급은 1급, 일반병원과 종합병원은 2급, 상급 종합병원은 3급이라고 생각하시면 됩니다. 정확히 모르신다면 진료비 영수증에 표시돼 있으니까 확인해보시면 됩니다. **약값**의 경우 **1일 최대**

5만 원 한도이고 자기 부담금은 8,000원과 보상대상의료비의 급여10%, 비급여20%에 해당하는 금액의 합산액 중 큰 금액을 뺀 금액을 가입한도 내에서 보상해줍니다. 통원비와 약값 둘 다 1년에 보상 가능한 최대 한도는 180회구요. 여기까지가 실손의료비에 대한 설명입니다. 이해되시나요?"

"네, 막연하게 실비, 실비 해서 대충 알고 있었는데 이제야 좀 제대로 알 것 같네요."

※ 실손의료비 부분은 말로 하면 짧고 쉬운데 글로 써보니 너무 길어지네요. 아래 요점 정리한 내용을 보시고 이해하는 게 더 좋을 것 같습니다.

"그렇죠. 그럼 실손의료비도 한 번 설계해볼까요?"

"네."

노트북에서 실손의료비 입원과 통원을 클릭하고 보험료 계산을 누르니 실손의료비에 대한 보험료가 화면에 나왔다.

	표준형 (자기 부담 20%)	선택형 (자기 부담 급여10%, 비급여20%)
상해입원	1,800원	2,100원
상해 외래25만 + 통원5만	300원	300원
질병입원	3,700원	4,200원
질병 외래25만 + 통원5만	1,600원	1,700원
합계	7,400원	8,300원

〈실손의료비 보험료 예시〉

"대략 이 정도의 금액이고 무조건 1년 갱신입니다."

"이대충 님은 표준형과 선택형 중에 어떤 걸로 가입하시겠어요?"

"아무래도 제가 부담하는 금액이 적은 '선택형'으로 하는 게 좋을 것 같네요."

"네. 그럼 실손의료비는 선택형으로 가입하는 걸로 하고 넘어가겠습니다."

7 갱신형 도수치료·체외충격파치료·증식치료 도수치료·체외충격파치료·증식치료로 인하여 본인이 실제로 부담한 비급여 의료비(행위료, 약제비, 치료재료대 포함)에서 공제금액을 뺀 금액을 보상한도 내에서 보상 ▷ 1회당 2만원과 보상대상의료비의 30% 중 큰 금액 공제 ▷ 계약일 또는 매년 계약해당일부터 1년 단위로 350만원 이내에서 50회까지 보상(도수치료·체외충격파치료·증식치료의 각 치료횟수를 합산하여 50회)	3백50만원
8 갱신형 비급여주사료 주사치료로 인하여 본인이 실제로 부담한 비급여 주사료에서 공제금액을 뺀 금액을 보상한도 내에서 보상 ▷ 입원 또는 통원 1회당 2만원과 보상대상의료비의 30% 중 큰 금액 공제 ▷ 계약일 또는 매년 계약해당일부터 1년 단위로 250만원 이내에서 입원횟수와 통원횟수를 합산하여 50회까지 보상	2백50만원
9 갱신형 비급여자기공명영상진단(MRI/MRA) 자기공명영상진단을 받아 본인이 실제로 부담한 비급여 의료비(조영제, 판독료 포함)에서 공제금액을 뺀 금액을 보상한도 내에서 보상 ▷ 1회당 2만원과 보상대상의료비의 30% 중 큰 금액 공제 ▷ 계약일 또는 매년 계약해당일부터 1년 단위로 연간 300만원 한도 내에서 보상	3백만원

2017년 4월 이 후 개정내용
표에 나온 세가지 항목이 특약으로 빠지면서 보장 한도축소
입, 통원 구분 없음

 ◀ 실손보험이란?

 ◀ 새로 바뀐 실비 설명

실손의료비는 **필수 중에도 필수 가입 담보**입니다. 증권에 실손의료비라는 말이 있는지 먼저 확인합시다. 없다면 만사를 제쳐놓고 일단 가입해야 합니다. 설계사한테 전화하세요. 실비보험 가입하고 싶다고. 실비는 지금은 모든 상품이 똑같기 때문에 가입만 하면 됩니다.

다만 담보나 보상이 모두 똑같기 때문에 굳이 하위사 상품에 가입할 필요가 없습니다. 대기업과 중소기업이 같은 상품을 같은 가격에 판다면 당연히 대기업 상품을 사야죠. 그리고 실손의료비는 평생 갱신을 해야 하는 담보이기 때문에 재정적으로 탄탄한 기업의 상품에 가입해야 아무래도 인상될 확률이 낮습니다.

실손의료비에 가입된 분들은 **가입날짜를 확인**해야 합니다. 2009년 7월 이전이면 병원비를 100% 보상해주는 보험일 확률이 높습니다. 한도가 1억인 분들도 있을 거구요. 지금은 90%나 80%에 한도 5,000만 원이니까 훨씬 좋은 겁니다. 그런 건 건드리지 말고 잘 간직하고 계세요. 그런 실손의료비는 앞으로는 평생 보기 힘들 겁니다.

두 번째 확인해야 하는 게 만기입니다. 80세 만기인 상품도 있고 100세 만기인 상품도 있습니다. 제가 좀 전에 100% 보상해주는 실비는 아주 좋은 거라고 말씀드렸는데 만약 그게 만기가 80세라면 고민해볼 필요가 있습니다. 평균수명이 늘어나면서 병원비가 많이 들어가는 나이도 뒤로 점점 물러나고 있습니다. 그러므로 아무리 병원비를 100% 보상해준다고 하더라도 80세에 보험이 끝나버리면 말짱 도루묵입니다. 정작 병원비가 많이 들어가기 시작할 때 보험이 없어져 버리기 때문이죠. 개인적으로는 80세 만기인 분들은 100세 만기로 바꾸는 게 더 좋다고 생각합니다. 하지만 이건 제 생각일 뿐 최종결정은 여러분의 몫입니다.

마지막으로 가입금액을 확인해야 합니다. 5천만 원 이상이면 무난합니다. 어차피 지금은 5천 이상은 가입시켜주지도 않습니다. 근데 간혹 예전에 가입하신 분들을 보면 1,000만 원 정도만 가입된 분들이 있습니다. 그런 분들은 5천만 원짜리 실비를 추가 가입하면 됩니다.

• 3대 진단비

"다음은 3대 진단비입니다."

"3대 진단비요? 그건 뭔가요?"

"3대 진단비는 암, 뇌 질환, 심장질환 진단비를 얘기하는 겁니다."

"그렇군요. 제가 아까 얘기했던 암보험이 이건가 보네요."

"네, 맞습니다. 우선 진단비 설명을 하기 이전에 **실손 보상**과 **정액 보상**의 개념에 대해서 짚고 넘어가겠습니다. 혹시 두 가지를 구분할 수 있으신가요?"

" 글세요..."

사실 실손 보상과 정액 보상이 뭔지도 몰랐다. 구분은 더 말할 필요 있으랴.

"**실손 보상**이란 말 그대로 **실제 손해 본 만큼을 보상**해준다는 뜻이고 대부분 실손의료비를 보상받을 때 해당됩니다. 아까 설명했던 입원 의료비를 예로 들어 말씀드리면 표시된 가입금액은 5,000만 원이지만 입원했다고 해서 한 번에 5,000만 원을 주는 게 아니죠? 고객은 증권에 쓰여 있는 5,000만 원을 받는 게 아니라 실질적으로 나온 병원비에 대해서만 자기 부담금을 제외하고 보험금으로 지급 받게 됩니다. 이처럼 실질적으로 납부했던 금액에 대해서 보상을 해주는 것이 실손 보상입니다.

그러면 이 담보는 중복 보상이 될까요? 결론부터 말하자면 중복으로 보상되지 않습니다. 이유는 간단합니다. 실손 보상이라는 말이 실제 손해 본 금액을 보상해준다는 의미이기 때문에 당연히 내가 낸 병원비보다 많이 받을 수 없는 거죠. 그래서 두 개에 가입하게 되면 내가 낸 병원비를 두 번 받는 것이 아니라 반반씩 나눠서 받는 겁니다. 이해되시나요?"

"네, 그럼 실손 보상해주는 담보는 이 전에 가입돼 있는지 잘 확인해 보고 가입해야겠네요?"

"네, 맞습니다. 그런데 요즘은 실손 보상되는 담보들의 중복 가입을 막아놨기 때문에 가입하고 싶어도 하나 이상은 가입이 안 됩니다. 그

부분은 걱정하지 않으셔도 됩니다."

"네, 그렇군요. 이제 실손 보상은 이해가 정확히 되네요."

"다음으로 **정액 보상**은 말 그대로 **정해진 금액을 보상**해준다는 뜻입니다. 그렇기 때문에 실손 보상과 다르게 몇 개에 가입해도 중복으로 보상이 가능합니다. 예를 들어 A 회사에 암 진단비 1,000만 원, B 회사에 암 진단비 2,000만 원을 가입한 상태에서 암 진단을 받으면 A 회사에서 1,000만 원, B 회사에서 2,000만 원을 각각 지급 받습니다. 정해진 금액을 보상해주기로 약속했기 때문에 내가 병원비가 얼마가 나왔는지, 다른 회사에 가입한 암 보험이 있는지는 아무 상관이 없습니다."

※ 상식한가지!
〈 중복보상과 비례보상 〉

○ 실손의료비
　실제 손해본 의료비를 보상
　한마디로 낸 돈만 보상
　→ 당연히 중복보상 안됨

○ 진단비
　어떤 진단을 받으면 보험금 지급
　진단만 받으면 정해진 금액을
　주기로 했기 때문에 당연히
　중복지급
　수술비, 사망보험금도 동일

☆ 결론적으로 실비빼고는 대부분 중복보상

"아, 말뜻만 제대로 알아도 구분할 수 있는 거군요. 그러면 암 같은 경우 몇 개에 가입하더라도 제가 가입하는 금액만큼 보장을 받는 거네요."

"그렇죠. 그러면 실손 보상과 정액 보상은 어느 정도 이해됐다고 생각하고 본격적으로 3대 진단비를 얘기해보도록 하겠습니다. 실손의료비를 가입하게 되면 암에 걸리든, 뇌 질환으로 수술을 하든 거의 모든 병원비를 보상받을 수 있습니다.

위에 말씀드린 것처럼 자기 부담금 200만 원만 있으면 치료비는 걱정할 필요가 없는 거죠. 근데 우리는 왜 암 진단비 같은 담보를 가입하는 걸까요? 제가 보험은 손해 본 만큼만 보상받으면 된다고 말씀드렸습니다. 이 논리대로라면 암보험은 2백만 원만 가입해도 충분한 거 아닐까요?"

이젠 질문이 익숙하다. 처음엔 부담스러웠는데 일방적으로 설명 듣는 것보다 오히려 더 나은 것 같았다. 전에 설명들을 때는 20분도 지겨워서 얼른 사인하고 말았는데 지금은 한 시간이 넘어가는데도 재미있다.

"그렇네요. 근데 주위에 가입한 사람들을 보면 그렇게 작게 가입하는 게 아니라 몇천만 원씩 가입하던데 왜 그런 거죠?"

"어떤 사람이 암에 걸렸다고 가정해봅시다. 그 사람이 필요한 자금에는 어떤 것이 있을까요?"

"음… 우선 병원비가 필요하겠죠. 또 뭐가 있지?"

"그때 상황을 떠올리시면서 한번 잘 생각해보세요."

"아, 그거군요. 암에 걸리면 일을 못 하겠네요."

"네, 맞습니다. 실손의료비는 단지 병원비를 충당할 뿐입니다. 병원비 못지않게 중요한 것이 **생활비**입니다. 암 같은 중대한 질병에 걸리면 80% 정도는 실직한다고 합니다. 나머지 20%도 공무원이나 자영업자가 대부분이기 때문에 직장인은 거의 100% 실직한다고 보면 됩니다. 이대충 씨 같은 직장인들은 암에 걸리게 되면 치료하고 회복하는 동안 일을 하지 못하기 때문에 가족들의 생활비가 문제가 됩니다. 그래서 치료를 받고 회복을 하는 동안 생활비를 충당하기 위해서 진단비를 따로 가입하는 겁니다.

진단비 금액은 자신의 1년 연봉 정도 금액으로 설정해서 1년 정도는 돈 걱정 없이 치료에만 전념할 수 있도록 준비해야 합니다. 또한 생활비에 덧붙여서 입원했을 때 배우자나 부모님이 매일 붙어서 간호할 수 있는 상황이 안 될 수도 있기 때문에 **간병비**도 어느 정도는 준비해야 하구요. 병원에서 처방받는 약 외에 **한약이나 건강식품**에 들어가는 돈도 무시할 수 없으므로 간병비 하루 8만 원, 건강보조제 한 달에 오십만 원에서 백만 원 정도 고려해서 생활비와 더해 준비해야 합니다.

TV 광고에 보면 요즘 암 치료비가 많이 들어가니 암보험을 더 준비하라는 멘트가 많이 나오는데 엄밀히 따지면 그건 틀린 말입니다. 치료비는 어차피 실비에서 나옵니다. 암보험은 생활비 때문에 가입하는 것이기 때문에 병원비 문제로 더 가입해야 하는 게 아니라 연봉이 높아지면 더 가입을 해야 하는 거죠."

"아, 그렇군요. 그래서 진단비를 몇천만 원씩 가입하는 거군요. 그러면 암에 대한 부분을 많이 하고 다른 부분은 금액을 적게 해도 되지 않을까요?"

"그렇지 않습니다. 암이 다른 질병보다 걸릴 확률이 높은 건 사실이지만 확률이 높다고 해서 진단비가 더 많이 필요한 건 아닙니다. 오히려 암은 검진도 자주 받아 조기에 발견될 확률이 높지만 뇌졸중이나 심근경색 같은 질병은 한 번 진단 받으면 평생 회복이 안 될 수도 있어서 최소 암 진단비와 동일하게, 여유가 된다면 암보다 좀 더 많이 준비하는게 좋습니다."

"그렇군요. 그러면 제 연봉이 2,000~3,000만 원 정도인데 여기에 맞춰서 가입하면 되나요?"

"네, 연봉이 기본이 되는 거구요. 여기에 간병비와 건강보조제에 들어가는 돈을 고려해서 천만 원에서 이천만 원 정도를 추가하시면 큰 문제는 없을 것 같습니다. 이 내용을 토대로 3대 진단비를 설계해보겠습니다."

	납입기간	만기	보장금액	보험료
암	20년	100세	1,000만	9,800원
뇌졸중	20년	100세	1,000만	6,500원
급성심근경색	20년	100세	1,000만	2,000원

	납입기간	만기	보장금액	보험료
암	20년	80세	1,000만	8,000원
뇌졸중	20년	80세	1,000만	5,000원
급성심근경색	20년	80세	1,000만	1,500원

"각 진단비의 보험료가 천만 원당 얼마인지를 설계했습니다. 보장금액을 높인다고 해서 할인되는 건 없기 때문에 저 금액을 단위금액으로 생각하시고 원하는 만큼 곱하기하면 자신이 내야 할 보험료가 결정됩니다."

※ 뇌 질환과 심상실환은 담보에 따라 보장 범위가 다른데 여기서는 일반적으로 가입할 수 있는 뇌졸중, 급성심근경색을 기준으로 했습니다.

"이대충 씨는 보장기간과 금액을 어떻게 설정하면 될까요?"

"저는 100세 만기로 3,000만 원 정도 가입하면 될 것 같아요."

"그러면 3대 진단비 최종 설계는 이렇게 되겠네요."

원래 설계했던 화면에서 보장 금액을 변경하고 다시 보험료 계산을 누르니 3대 진단비에 대한 최종 보험료가 나왔다.

	납입기간	만기	보장금액	보험료
암 진단비	20년	100세	3,000만	33,000원
뇌졸중	20년	100세	3,000만	19,200원
급성심근경색	20년	100세	3,000만	6,300원

Chapter. 1

✱메인담보 3. 3대진단비
EX) 암진단후 1주일 입원, 수술후 퇴원
총병원비 1,500만원.
만원도 안되는 실비에서 1,350만 지급.
150만원만 있으면 병원비 걱정없음
근데 왜 암진단비를 몇백도 아니고
몇 천씩 가입할까?
진단비 가입 목적이 중요!!

✱진단비는 병원비와 상관X
요즘 병원비가 비싸서
암보험 함께 가입해야
한다는 주장은
진단비의 목적을
모르고 하는 소리.

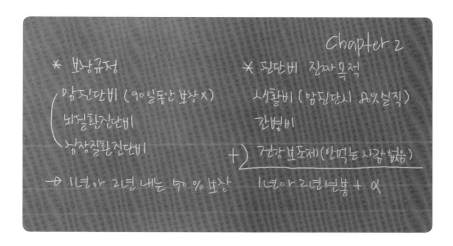

* 보상규정   * 진단비 진짜목적
(암진단비 (90일동안 보상X)   생활비 (암진단시 80%실직)
 뇌질환진단비   간병비
 심장질환진단비   (+) 건강보조제 (안먹는 사람 없음)
→ 1년아 2년 내는 ㄱ% 보상   1년아 2년 연봉 + α

3대 진단비 설계 ▶

3대 진단비- 증권분석

  3대 진단비는 보기 어렵지 않습니다. 암, 뇌졸중(뇌혈관질환, 뇌출혈), 급성 심근경색(허혈성심장질환) 항목을 찾아서 가입금액이 자신 연봉(+1,000만 원 or 2,000만 원)과 맞는지 확인하시고 부족하면 추가 가입하면 됩니다.

담보	가입금액	납입/만기	보험료
암	20,000,000원	20년/100세	20,160원
뇌졸중	20,000,000원	20년/100세	13,532원
급성심근경색	20,000,000원	20년/100세	4,216원

4교시 세부담보설정과 적립보험료

여기까지 설계해보고 나니 설명만 한 시간이 넘어가고 있었다. 이 분은 날 언제 보내주실지? 하기야 본인도 피곤할 텐데 한 번도 쉬지 않고 이렇게 설명하는 걸 보니 열정이 대단한 것 같다.

"3대 진단비까지 결정하셨으면 이제 보험의 80% 이상은 설계가 진행되었다고 생각하면 됩니다. 담보선택에서 최종적으로 생각하셔야 하는 부분이 골절 진단비나 화상수술비 같은 **세부적인 담보**들입니다. 보험사마다 30~50개 정도가 있는데 중요하긴 하지만 보험료가 저렴하거나 가입하지 않아도 재정적으로 크게 문제가 없을 정도로 중요도가 낮은 담보들입니다."

"그럼 굳이 가입하지 않아도 상관없는 거 아닌가요?"

"그렇지 않습니다. 보험료가 저렴하면서 재정적인 손해도 적은 담보는 가입하지 않으셔도 됩니다. 하지만 발생확률이 거의 없어서 보험료가 꿍

장히 저렴하더라도 재정적 손해가 큰 담보는 꼭 가입하셔야 합니다. 설계된 부분을 보면서 예를 들어보겠습니다."

정상	상해수술위로금(갱신형)	2010-08-30	2010-08-30	03년만기	전기납	300,000	1,023
정상	상해흉터복원수술비	2010-08-30	2082-08-30	100세만기	20년납	70,000	246
정상	중대한특정상해수술비	2010-08-30	2062-08-30	80세만기	20년납	5,000,000	785
정상	골절(치아파절 제외)	2010-08-30	2082-08-30	100세만기	20년납	200,000	886
정상	골절수술비	2010-08-30	2082-08-30	100세만기	20년납	200,000	160
정상	화상진단비	2010-08-30	2082-08-30	100세만기	20년납	200,000	130
정상	화상수술비	2010-08-30	2082-08-30	100세만기	20년납	500,000	5
정상	중증화상및부식진단비	2010-08-30	2062-08-30	80세만기	20년납	20,000,000	180

"위의 항목 중에서 골절 진단비는 골절 시 20만 원을 주는 담보입니다. 이 담보는 없으면 안 되는 담보일까요?"

"음, 받으면 좋기야 하겠지만 20만 원 없다고 해서 큰 문제가 생기지는 않을 것 같아요."

"네, 맞습니다. 병원에 입원했을 때 옆에 있는 사람은 나오는데 나는

안 나오면 기분은 좀 나쁘겠지만, 그 돈 없다고 해서 이대충 씨 재정에 큰 타격을 주는 건 아니므로 가입하지 않으셔도 큰 문제가 없습니다. 가입금액이 적은 상해수술비, 화상 진단비 등도 동일합니다.

그러면 맨 밑에 있는 중증화상 및 부식 진단비 담보는 어떨까요? 가입해야 할까요, 하지 않아도 될까요?"

◀ 메인 담보 이외의 항목 설계하기

"중증화상이라고 쓰여 있으니까 뭔지는 자세히 몰라도 걸릴 확률이 거의 없어 보이는데 그냥 가입하지 않아도 되는 것 아닌가요?"

"이번엔 틀리셨네요, 하하. 저 담보는 가입하시는 게 좋습니다. 가입 여부를 판단하기 힘드시죠? 이것에 대해 쉽게 판단하는 방법을 알려드릴게요. 걸릴 확률이나 보험료를 보지 마시고 가입금액을 보세요. 그러면 쉽게 결정할 수 있습니다. 중증화상 및 부식 진단비가 가입금액이 2천만 원으로 되어 있다는 것은 저 항목이 어떤 건지 자세히는 몰라도 골절과는 비교할 수 없을 정도로 큰 사고라는 거죠. 다만 확률이 적기 때문에 보험료가 저렴한 것뿐 3대 진단비와 다를 것이 없습니다."

"그러면 저 담보는 꼭 가입해야겠네요."

"네, 그렇죠. 그래서 **이론적으로는 가입금액이 높은 담보는 가입, 가입금액이 낮은 담보는 미가입이 정답**입니다. 하지만 화상수술비처럼 삭제해봤자 표시도 안 날 만큼 보험료가 저렴한 담보들도 있기 때문에 그런 담보들은 보험료를 보시고 골라서 가입하면 됩니다."

"어차피 얼마 받지도 못하니까 전 그냥 가입금액이 높은 담보만 가입할게요."

"네, 알겠습니다. 그럼 지금까지 설계한 내용을 모두 종합해보겠습니다."

	납입기간	만기	보장금액	보험료
사망보험금	20년	60세	1억	31,000원
암 진단비	20년	100세	3,000만	33,000원
뇌졸중	20년	100세	3,000만	19,200원
급성심근경색	20년	100세	3,000만	6,300원
실손의료비	전기납	100세	5,000만	8,300원
세부담보	20년납	100세		약 10,000원
합계	107,800원			

"이 정도의 금액이 나오게 됩니다. 보험료는 어떠세요?"

"이 정도면 제가 기존에 가입한 보험과 비슷하네요."

"네. 그런데 설계를 마치기 전에 마지막으로 생각해야 할 부분이 몇 가지 있습니다."

"뭔가요?"

"우선 입원했을 때 실비와는 별도로 하루 당 1~3만 원 정도 보험금이 나오는 **입원 일당** 담보가 있습니다. 어떻게 생각하시나요?"

"아까 세부담보에서 설명해주셨던 것처럼 보장금액이 적으니까 가입하지 않아도 되는 거 아닐까요?"

"네, 정확히 이해하셨네요. 더군다나 화상수술비처럼 저렴하지도 않습니다. 그런데 희한하게도 많은 분이 이 담보에 이상하게 집착합니다. 보장금액과 보험료를 한 번 살펴보면 더 확실하게 이해가 되실 겁니다."

	납입기간	만기	보장금액	보험료
상해입원일당	20년	100세	3만	8,100원
질병입원일당	20년	100세	3만	12,900원

"상해, 질병 모두 합친 금액은 21,000원이고 20년간 납부하면 총 5,040,000원입니다.

하루 입원 시 3만 원을 받는 담보이기 때문에 100세까지 총 168일을 입원해야 낸 보험료만큼 돌려받습니다. 168일을 보장받는 자체도 힘들지만, 그것보다 21,000원이면 암을 2천만 원은 더 보장받을 수 있는 금액입니다(입원 일당 3만 원 = 암 진단비 2천만 원).

그리고 3만 원의 경우 지금도 소액이지만 10~20년이 지나면 더 가치가 작아져 가입하는 의미가 거의 없다고 할 수 있습니다. 만약 꼭 가입하고 싶다면 10년 이내 삭제한다는 생각을 하고 갱신형으로 가입하시면 좀 더 좋습니다. 아무튼, 입원 일당을 가입할 필요가 없다고 생각하신 건 정말 현명한 선택입니다."

"마지막으로 한 가지만 더 하겠습니다."

업무를 끝내고 저녁에 만나는 거라 그런지 체력이 급격히 떨어지고 있었다. 이 분은 지치지도 않나 보다. 시간은 9시를 향해 가고 있었다.

"아직도 남았나요?"

"이제 정말 마지막입니다."

"네, 설명해주세요."

"혹시 적립보험료에 대해서 들어보신 적 있으신가요?"

"아니요. 처음 들어봅니다."

적립보험료는 쉽게 얘기해서 **보험 안에 들어 있는 적금**입니다."

"적금이요? 보험을 드는데 왜 적금을 가입하나요? 무조건 해야 하는 건가요?"

"갱신형 담보가 없으면 거의 내지 않지만, 만약 갱신형 담보가 있다면 적립보험료를 넣어야 합니다."

그냥 적금도 돈 없어서 잘 못하고 있는데 보험에도 적금이라니….

"그럼 그 적립금은 어디다 쓰는 건가요?"

"아주 중요한 질문이네요. 적립금의 기능은 두 가지가 있는데요. 첫 번째는 갱신형 담보가 나중에 인상될 때 그것을 대신 내주는 기능입니다. 이것을 **갱신보험료 대체납입 기능**이라고 합니다."

"갱신 때 오른 보험료를 내준다는 거죠? 음… 그게 무슨 의미가 있나요? 오르면 그때 내도 되는 거 아닌가요?"

"네, 오를 때 대신 내도 상관 없습니다. 근데 상품마다 그걸 나중에 내도 된다는 상품이 있고 무조건 미리 내라고 하는 상품도 있기 때문에 그걸 고려해서 가입하셔야 합니다. 고객분 중에는 적립보험료를 내는 게 싫어서 갱신형 담보들을 빼는 경우도 많이 있습니다."

"그렇군요. 그럼 두 번째 기능은 뭔가요?"

"두 번째 기능은 **환급금을 만들어주는 기능**입니다."

"초반에 말씀하신 만기 환급금 얘기하시는 건가요? 그건 보통 100세에 받으니까 필요 없다고 하지 않으셨나요?"

"이대충 씨, 제 설명을 잘 듣고 계셨네요. 맞습니다. 환급금을 만들기 위한 적립보험료는 큰 의미가 없으므로 환급금을 만들기 위한 적립보험료는 권해드리지 않습니다. 하지만 이대충 씨와 함께 설계한 내용을 보면 세부담보에 갱신형 담보들이 몇 개 있습니다. 그래서 이 담보들을 가입할 때는 대체납입을 고려해서 적립보험료를 만 원 정도 추가로 내두는 것도 나쁘지 않다고 생각하는데요. 이 부분에 대해서 어떠신가요?"

"만원이라… 어차피 내야 하는 돈이라면 크게 상관은 없겠네요. 만원 덜 낸다고 해서 제가 그걸 모으는 것도 아니구요. 그냥 없는 셈 치고 미리 내놓죠, 뭐."

◀ 적립보험료 설정하기

"네, 좋은 생각입니다. 없는 셈 치고 낸 그 1만 원이 나중에는 큰 도움이 될 겁니다. 그러면 진짜로 보험 설계가 끝이 났습니다. 최종 설계를 한 번 보겠습니다."

(2019년 10월 기준 갱신보험료 대체납입 상품은 대부분 사라짐. 기계약
분석 시에만 참고)

	납부기간	만기	보장금액	보험료
사망보험금	20년	60세	1억	31,000원
암 진단비	20년	100세	3,000만	33,000원
뇌졸중	20년	100세	3,000만	19,200원
급성심근경색	20년	100세	3,000만	6,300원
실손의료비	전기납	100세	5,000만	8,300원
세부담보	20년납	100세		약 10,000원
적립보험료	10,000원			
합계	117,800원			

"보장 내용과 금액은 이 정도 나오네요. 어떠신가요? 기존에 가입했던
보험과는 어떤 차이가 있는 것 같나요?"

"지금 이렇게 설계하고 나서 제 보험을 생각해보니 맘에 안 드는 담보
도 많지만, 그걸 떠나서 저처럼 설계서만 보고 보험에 가입한다면 자신
에게 맞게 설계해서 가입하는게 불가능하다는 걸 깨달았어요. 김확실
씨도 그렇고 이경제 씨도 왜 자꾸 저한테 어떤 방식으로 보험에 가입했
는지를 물어봤는지도 이해가 되구요. 시작이 잘못됐기 때문에 내 보험
에 어떤 담보가 들어 있고 어떻게 보장되는지는 그렇게 중요하지 않네

요. 보험에 이렇게 가입해야 하는 거면 우리나라 대부분 사람이 다시 설계해야 하는 거 아닌가요?"

"맞습니다. 저도 고객을 만나보면 자기가 원하는 대로, 그리고 자기 상황에 맞게 가입된 분은 거의 없습니다. 다 설계사가 해주는 대로 가입했고 그게 당연하다고 생각하고 있으니까요."

갑자기 부모님 보험은 어떻게 돼 있는지, 동생 보험은 또 어떤지까지 걱정이 됐다. 주말에 집에 가면 가족들 보험증권을 다 꺼내서 한 번 살펴봐야 할 것 같다.

"그럼 설명은 여기까지가 끝인가요?"

"네, 제가 알려드리고 싶었던 얘기는 전부 해드렸습니다. 혹시 더 궁금하신 사항 있으신가요?"

"아뇨, 충분합니다. 나중에 또 궁금한 게 생기면 연락드릴게요."

"네. 부담 갖지 마시고 언제든지 연락주세요."

"네. 긴 시간 잘 설명해주셔서 매우 감사합니다."

"감사는요. 이대충 씨가 고생하셨죠. 일 끝나고 나오셔서 거의 두 시간 동안 공부하고 가시는 거잖아요."

"그만큼 가치가 있는 시간이었어요. 다음에는 내 보험도 그렇고 우리 가족 보험도 전부 가져와서 한 번 더 문의드릴게요. 그때는 실제로 우리 가족 보험 한 번 싹 정리해주세요."

"물론입니다. 그럼 오늘 고생하셨습니다. 안녕히 가세요."

장장 두 시간에 걸친 상담 끝에 보험설계를 끝낼 수 있었다. 밖으로 나오니 거리는 한산해져 있었다. 서늘한 바람이 두 시간 동안 고생했던 내 몸을 조금은 풀어주는 것 같았다. 몸은 좀 고단했지만, 재미도 있고 의미도 있는 시간이었다. 처음에 저분을 만났다면 이렇게 고생하지도 않았을 텐데…. 암튼 집으로 가면서 김확실 씨에게 고맙다고 전화 한 통 해야 할 것 같다.

> * 적립보험료 (보험안에 들어있는 저금)
>
> 기능 : 갱신보험료 대체납입 外 환급금재원
>
> - 갱신보험료 대체납입
>   갱신담보 인상시 그동안 모아놨던 적립보험료에서 대신 빠짐
>   → 나름 의미있음
> - 환급금 재원
>   대체납입되지 않고 만기까지 이자붙으면서 유지
>   만기때 (보통 100세) 지급 → 큰 의미없음

◀ 환급형, 소멸형 설명하기

세부담보 설정과 적립보험료- 증권분석

　마지막 단계입니다. 세부담보는 입원 일당만 확인하고 넘어가겠습니다. 증권에 보면 상해입원일당, 질병입원일당 혹은 입원특약이라고 표시되어 있고 세부내용에 입원 시 1일당 O만 원 지급이라고 쓰여 있는 담보가 있을 겁니다.

• 무입원특약Ⅲ(갱신형)

구분	지급사유	지급금액
입원급여금	피보험자(보험대상자)가 이 특약의 보험기간 중 발생한 질병 또는 재해로 인하여 그 치료를 직접적인 목적으로 하여 4일 이상 계속하여 입원하였을 경우	3일 초과 입원일수 1일당 60,000 원 (입원 1회당 120일 최고한도)

그동안 많이 타 먹었을 수도 있는 담보입니다. 하지만 보험료를 보시면 그렇게 좋은 담보는 아니란 걸 알 수 있습니다. 만약 과하게 잡혀 있다면 그건 삭제하는 걸 추천해드립니다.

적립보험료도 한 번 확인해보겠습니다. 일단 종신보험이나 생명보험사의 거의 모든 상품은 적립보험료가 표시되어 있지 않습니다. 삭제도 불가능합니다. 적립보험료의 조정은 손해보험사의 통합보험 기준으로 보도록 하겠습니다.

계약자		보험기간	2014년 01월 05일~ 2083년 01월 05일
납입주기	월납	납기 및 만기	20년납/59년만기(100세만기)
1회차 보험료	178,640 원 (보장 51,403+적립 127,237)	계속 보험료	178,640 원
할인 적용 내용	–	갱신 담보 납입	적립대체
예상 총납입보험료	42,873,600 원	예상 만기환급금	42,873,490 원

표를 보면 1회차 보험료에 178,640원(보장 51,403원 + 적립 127,237원)이라고 표기되어 있습니다. 예상 총납입보험료는 42,873,600원이고 예상 만기환급금은 42,873,490원입니다.

적립이 10만 원 이상 들어가 있죠? 만기환급금도 많구요. 이렇게 과다하게 적립보험료가 잡혀있다면 직립보험료를 줄이는 게 좋습니다. 내 보험이 보장도 그렇게 많이 되지 않는데 보험료가 생각보다 비싸다면 환급형일 가능성이 큽니다. 갱신보험료 대체납입을 위한 적립보험료는 1~2만 원 정도면 충분합니다. 그 이상 가입돼 있다면 적립보험료를 줄이시기 바랍니다.

보장보험이론 총정리 ▶

글을 마치며 --

이대충 씨와 함께한 보험학개론(?), 어떠셨나요?

여러분은 이대충 씨인가요 김확실 씨인가요? 아마도 이대충 씨 같은 분이 많을 겁니다. 6년 동안 일을 하면서 이대충 씨 같은 안타까운 사례가 너무 많아 더 이상 제2의 이대충을 만들지 말자는 취지에서 글을 쓰기 시작했습니다. 어려울 수도 있습니다. 하지만 머리를 싸매고 한 번쯤은 공부해볼 만한 가치가 있는 내용입니다.

만약 기존에 가입한 보험이 있다면 내 것만 하지 말고 가족 친구들도 다 같이 불러서 책을 펴놓고 차근차근 보험을 분석해보길 권해드립니다. 카페에 가면 동네 아주머니들이 모여서 보험에 관해 얘기하는 모습을 가끔 보곤 합니다. 그때는 거기에 껴들어서 이런저런 얘기를 해주고 싶기도 합니다. 이제부터는 무작정 이것이 맞네 저것이 맞네, 이 상품이 좋더라 저 상품은 별로더라, 얘기하지 마시고 각자 증권 챙겨 오셔서 중간에 책 한 권 딱 놓고 내 보험, 우리 가족 보험에 대해서 공부 한 번 해보세요. 토론도 해보시구요. 재미도 있고 의미도 있는 시간이 될 겁니다.

　만약 새로 가입해야 한다면 무작정 가입하지 마시고 설계사분에게 전화해서 노트북 꼭 좀 챙겨와 달라고 부탁하세요. 그리고 만나서 상담하게 되면 책 보면서 정리한 내용을 설계사분에게 말씀드리고 잘못된 부분이 없는지 점검받고 그 자리에서 함께 설계해보세요. 그렇게 하지 않고 나중에 가서 설계사에게 왜 내 보험을 이렇게 설계했느냐고 따진다면 그건 반칙입니다. 어떤 사건이든지 한쪽이 100% 잘못한 일은 거의 없습니다. 쌍방과실입니다.

　프롤로그에도 그렇고 책 전반에 깔려있는 내용도 그렇고 제가 당부하고 싶은 얘기는 어쨌든 관심, 관심입니다. 귀찮고 싫겠지만 그것 때문에 무관심하게 흘려보낸다면 나중에는 그 귀찮음이 고통으로 다가올 수도 있습니다.

　덮어놓고 가입하면 거지꼴 못 면합니다. 이왕 같은 돈 내는 거 제대로 가입하면 좋지 않습니까?

손님이 왕이고 고객이 왕입니다. 이제 왕이 나설 때가 됐습니다.

친히 행차하셔서 우리나라 보험업계를 긍정적으로 바꿔주시길 부탁드립니다.

blog: http://diymoney.blog.me/

youtube: 이대충TV

책을 읽고 궁금한 사항이 있으면 방문하셔서 질문하세요.

자세히 설명해 드리겠습니다.

내가 스스로 디자인하는 보험 DIY MONEY

보험, 덮어놓고 가입하면 거지꼴을 못면한다 _ 실전편

펴낸날 2020년 3월 24일

지은이 이경제, 이경락

펴낸이 주계수 ｜ **편집책임** 이슬기 ｜ **꾸민이** 전은정

펴낸곳 밥북 ｜ **출판등록** 제 2014-000085 호

주소 서울시 마포구 양화로 59 화승리버스텔 303호

전화 02-6925-0370 ｜ **팩스** 02-6925-0380

홈페이지 www.bobbook.co.kr ｜ **이메일** bobbook@hanmail.net

© 이경제, 이경락, 2020.
ISBN 979-11-5858-647-8 (03320)

※ 이 도서의 국립중앙도서관 출판시도서목록(CIP)은 e-CIP 홈페이지(http://www.nl.go.kr/cip)
　　에서 이용하실 수 있습니다. (CIP 2020009761)